Políticas Públicas em Educação

Uma Análise Crítica a Partir da Psicologia Escolar

Lygia de Sousa Viégas &
Carla Biancha Angelucci
(orgs.)

POLÍTICAS PÚBLICAS EM EDUCAÇÃO

UMA ANÁLISE CRÍTICA A PARTIR DA PSICOLOGIA ESCOLAR

Autores:

Flávia da Silva Ferreira Asbahr
Luciana Dadico
Luiz Antônio Alves
Marcelo Domingues Roman
Marilene Proença R. de Souza

Casa do Psicólogo®

© 2006, 2011 Casapsi Livraria e Editora Ltda.
É proibida a reprodução total ou parcial desta publicação, para qualquer
finalidade, sem autorização por escrito dos editores.

1ª Edição
2006

1ª Reimpressão
2011

Editores
Ingo Bernd Güntert e Christiane Gradvohl Colas

Assistente Editorial
Aparecida Ferraz da Silva

Editoração Eletrônica
André Cipriano

Capa
Renata Vieira Nunes

Imagem de Capa
João Correia Filho

Dados Internacionais de Catalogação na Publicação (CIP)
(Câmara Brasileira do Livro, SP, Brasil)

Políticas públicas em educação : uma análise crítica a
partir da psicologia escolar / Flávia da Silva Ferreira
Asbahr...[et al.] ; Lygia de Sousa Viégas & Carla Biancha
Angelucci (orgs.). -- São Paulo : Casa do Psicólogo®, 2011.

Outros autores: Luciana Dadico, Luiz Antônio Alves,
Marcelo Domingues Roman, Marilene Proença R. de Souza
1ª reimpr. da 1. ed. de 2006.
Bibliografia.
ISBN 978-85-7396-492-9

1. Educação 2. Educação e Estado 3. Psicologia
educacional I. Asbahr, Flávia da Silva Ferreira. II. Dadico,
Luciana. III. Alves, Luiz Antônio. IV. Roman, Marcelo
Domingues. V. Souza, Marilene Proença R. de. VI. Viégas,
Lygia de Sousa. VII. Angelucci, Carla Biancha.

11-02187   CDD-370.15

Índices para catálogo sistemático:
1. Políticas públicas em educação : Psicologia escolar 370.15

Impresso no Brasil
Printed in Brazil

*As opiniões expressas neste livro, bem como seu conteúdo, são de responsabilidade de seus
autores, não necessariamente correspondendo ao ponto de vista da editora.*

Reservados todos os direitos de publicação em língua portuguesa à

Casapsi Livraria e Editora Ltda.
Rua Santo Antônio, 1010
Jardim México • CEP 13253-400
Itatiba/SP – Brasil
Tel. Fax: (11) 4524-6997
www.casadopsicologo.com.br

Saberíamos muito mais das complexidades da vida se nos aplicássemos a estudar com afinco as suas contradições em vez de perdermos tanto tempo com as identidades e as coerências, que essas têm a obrigação de explicar-se por si mesmas.

José Saramago

Sumário

Apresentação 9
   Lygia de Sousa Viégas
   Flávia da Silva Ferreira Asbahr
   Carla Biancha Angelucci

Terceira Via, Ideologia e Educação 25
   Luciana Dadico

**Referenciais para Formação de Professores:
uma análise crítica sobre o discurso da
qualidade e competência, do ponto de vista
da psicologia escolar** 47
   Luiz Antônio Alves

**Sobre o Projeto Político-Pedagógico:
(im)possibilidades de construção** 77
   Flávia da Silva Ferreira Asbahr

**Encontros e Desencontros entre os Discursos
sobre o Professor Coordenador Pedagógico
e sua Prática** 117
   Marcelo Domingues Roman

Regime de Progressão Continuada em Foco:
breve histórico, o discurso oficial e concepções
de professores 147
   Lygia da Sousa Viégas

**A Inclusão Escolar de Pessoas com
Necessidades Especiais na Rede Estadual
de São Paulo: a dissimulação da exclusão** 187
   Carla Biancha Angelucci

**Políticas Públicas e Educação: desafios,
dilemas e possibilidades** 229
   Marilene Proença Rebello de Souza

Apresentação

Idéias tecidas a várias mãos que trabalharam juntas ao longo dos últimos três anos. Desejávamos experimentar a construção de uma trama coletiva, que revelasse, a quem olha, o percurso de cada um de nós, a história deste encontro e, mais do que tudo, a possibilidade do trabalho concebido e gerido conjuntamente; um feito com ares de extraordinário em um mundo que seduz cotidianamente com seus convites ao pensamento encapsulado, onde duvidar, procurar saber na companhia de alguém, deixam de significar movimento em busca de conhecimento para se reduzirem a sinais de fraqueza.

Reunidos para esboçar esta apresentação, reta final de nossos trabalhos, fomos interrompidos pelo telefone. Um psicólogo em formação, orientado por um colega nosso, procura-nos para saber como se pode fazer "algum trabalho em escola". Na instituição de ensino superior em que estuda, é possível formar-se sem nunca ter tido contato com uma escola. Esse aluno, já no ano de sua formatura, deseja realizar uma intervenção: "Talvez alguma coisa sobre indisciplina ou distúrbios de aprendizagem. Tem tanta coisa...".

Como grupo de pesquisadores vinculados a uma mesma tradição de investigação em psicologia escolar[1], desejamos contribuir para uma formação em psicologia que possibilite intervenções apoiadas na compreensão dos inúmeros elementos que a constituem, não reduzindo, portanto, os fenômenos escolares à economia psíquica individual daqueles que compõem o seu dia-a-dia. O telefonema, de interrupção, torna-se objeto de nossa reflexão.

Um psicólogo que vai para uma escola com a intenção de atender crianças a respeito de quem se queixa sobre supostos problemas de aprendizagem ou comportamento sai impactado da/pela escola.

---

[1] Os autores são mestres, doutorandos e doutores em Psicologia Escolar pelo Instituto de Psicologia da Universidade de São Paulo.

Com maior ou menor consciência do que foi vivido, estará se deparando com determinações que vão além da imediata relação dual psicólogo-usuário. Por mais isolada e circunscrita que seja sua atuação, uma janela quebrada, um grito com um dos alunos, a ausência de profissionais, as siglas utilizadas, os protocolos instituídos, a arquitetura austera, mesmo que maquiada pela presença de desenhos mais infantilizados que infantis, fornecem pistas reveladoras da realidade institucional.

Em nossos percursos como psicólogos escolares, deparamo-nos com a complexa trama de relações existentes na escola, que apontavam para a necessidade compartilhada de compreender as políticas públicas em educação. Este tema, que aparecia e se consolidava como imperativo para a consecução de nossas pesquisas, tornou-se, então, alvo de discussão entre nós. Por que psicólogos devem estudar políticas educacionais?

Entendemos que a resposta a essa questão só é possível na medida em que se procura responder a uma outra pergunta: que visão de Psicologia e de Ciências Humanas está subjacente à prática psicológica? Com certeza, não estamos falando de dentro de uma visão de Ciência que entende que "conhecer emancipa porque o conhecimento traz consigo o domínio da realidade"[2]. As ciências sociais já nos advertiram sobre os riscos da ingenuidade, posto que, quanto mais nos pretendemos desvinculados dos compromissos políticos presentes em nossas escolhas de pesquisa – desde os objetos, as metodologias, até as análises que empreendemos –, mais nos tornamos escravos dos valores, desejos e interesses ocultados pelas tentativas de neutralidade. Nesse sentido, o ponto de partida teórico-metodológico comum às nossas pesquisas foi a busca pela construção de uma psicologia numa perspectiva crítica.

Há 25 anos, estudos diligentes foram iniciados por GOLDENSTEIN (1986) e PATTO (1990), desde então prosseguidos por outros consistentes pesquisadores em psicologia e educação.

---
[2] Tal como critica LEOPOLDO E SILVA, 1997.

Tivemos a alegria de ter muitos deles como nossos formadores. Seus estudos denunciam a precariedade das condições de trabalho dos profissionais da educação, as práticas de humilhação de alunos por professores, de professores por gestores, de pais por coordenadores, de cada um por todos, de todos por cada um. Atentamos também para os anúncios que estas denúncias contêm: a necessidade de mudanças substantivas na Educação, que só se realizarão com uma ampla discussão sobre os impeditivos históricos de uma educação verdadeiramente comprometida com os princípios democráticos; com o estabelecimento de relações entre pais, alunos e profissionais apoiadas em participação igualitária, não verticalizada, na gestão educacional; com remuneração digna aos educadores, desincumbindo-os das jornadas descomunais de trabalho; com formação de qualidade que permita a estes profissionais um giro para fora do olhar tecnicista, coisificante, por meio de uma análise crítica das bases em que se assentam suas crenças, suas opções teórico-metodológicas[3].

Também deparamo-nos com denúncias relativas à psicologia hegemônica na escola, que anunciam a necessidade de mudanças radicais. Como sabemos, tradicionalmente, a psicologia pautou-se em concepções de homem e de desenvolvimento que centram no indivíduo a culpa pelas dificuldades de escolarização. Tais concepções transformam essas dificuldades ora em distúrbios biopsicológicos ora em dificuldades advindas de carências de diversas ordens – econômica, afetiva, cultural, nutricional etc. – e atribuem aos alunos e às suas famílias a responsabilidade pelo fracasso escolar. É o aluno que não está apto, é incapaz, não abstrai, não tem determinado quociente de inteligência, vem de um ambiente pobre de estímulos, sua família é desestruturada e sua linguagem pobre.

Essas concepções, essencialmente ideológicas[4], têm contribuído para a intensa psicologização da educação. O psicólogo é

---

[3] Esses aspectos vêm sendo apontados como fundamentais para a transformação da escola há décadas, encontrando na obra de Florestan FERNANDES importante referência (1966, 1989).

[4] Segundo PATTO (1990) e CHAUI (2001).

chamado para emitir laudos, realizar avaliações ou implementar programas, buscando na criança as causas das dificuldades escolares. As explicações sobre o fracasso advindas dessas teorias, além de não explicarem nada, estão pautadas numa concepção a-histórica de homem, educação e sociedade. Tomam como natural aquilo que é social; como social, em seu sentido funcionalista, aquilo que é político; como causa aquilo que é conseqüência e coisifica os homens[5]. Detêm-se, assim, na aparência dos fenômenos e talvez até consigam descrever alguns aspectos dos supostos problemas escolares, mas jamais explicá-los. Falta a elas um olhar sobre o homem concreto, constituído nas inúmeras relações sociais e históricas que ele vivencia. Essas tentativas de explicação, nesse sentido, pouco contribuem para fundamentar a prática pedagógica e, pelo contrário, até imobilizam o professor, uma vez que dificultam a reflexão sobre a constituição social dos indivíduos, constituição essa fortemente marcada pelos processos e práticas escolares.

Concorrendo com a superação das concepções ideológicas de psicologia está o reino do relativismo, que acaba por produzir paralisia, senão retrocesso. Ao apaziguar divergências teóricas sob o lema "todos podemos conviver; é só uma questão de ponto de vista", a postura relativista abafa a dúvida, a produção de conhecimento. Quando muito, ficamos a dar voltas ao redor de nosso próprio umbigo, inventando e reinventando apropriações rasas das críticas radicais, já abundantemente realizadas, seja ao próprio conteúdo ideológico da psicologia hegemônica, seja aos propósitos segregacionistas da educação[6]. Na contramão dessa psicologia que está posta, atentamos para a necessidade de compreensão aprofundada do que já foi produzido, discutindo os princípios ético-políticos ao redor dos quais se organizam tais ou quais saberes científicos, o que permite melhor orientação sobre as implicações das intervenções psicológicas perante as queixas escolares.

---

[5] PATTO, 2000.
[6] *Cf.* ANGELUCCI, KALMUS, PAPARELLI & PATTO, 2004.

Nesse ponto ressaltamos que ter uma concepção crítica de homem e de mundo não significa recusar ou negar certos corpos teóricos em detrimento de outros, como se isso fosse apenas uma questão de gosto pessoal. É necessário ir à sua raiz, situar os conhecimentos produzidos, definindo seus compromissos políticos e localizando as perspectivas teóricas que os construíram[7]. Para tanto, é essencial considerar o desenvolvimento da sociedade e as formas como os homens produziram e produzem sua existência e suas formas de pensar, agir, sentir, emocionar-se. As políticas públicas são importante expressão dessa produção.

Central em uma perspectiva crítica é a consideração de que os fenômenos não podem ser compreendidos em sua imediaticidade, em sua aparência. Ou seja, o contato direto com o fenômeno não possibilita a apreensão do real, mas apenas uma "representação caótica do todo"[8]. A tarefa do pensamento crítico é justamente elaborar os dados da contemplação e da representação na forma de conceitos, é revelar o movimento, a essência do fenômeno por meio do procedimento de ascensão do abstrato ao concreto. Na análise de um fenômeno, o investigador deve separar os elementos que possuem caráter de universalidade, aquilo que é essencial na determinação universal do objeto[9].

Tomando como ponto de partida a crítica à psicologia hegemônica na escola, seguimos em busca de concepções teórico-metodológicas que superassem os reducionismos existentes na psicologia e caminhassem ao encontro da compreensão da constituição humana em suas múltiplas determinações, ou seja, o ser humano entendido como concreto e histórico. Na construção dessa psicologia, entendemos ser fundamental conhecer a realidade da escola, palco da produção de muitas dificuldades. Perguntamo-nos, então, qual a inserção possível a fim de que não provoquemos ingerências e contribuamos, a partir do nosso campo de atuação, para que a escola pense por si, a partir de si, quais as construções sociais/institucionais/

---
[7] *Cf.* MARTINS, 1983.
[8] KOSIK, 2002.
[9] MARX, 1989.

relacionais que disparam determinadas formas de olhar para os fenômenos, explicá-los e agir sobre eles. Nossa presença na escola deve comportar intervenções com objetivo bem delimitado, cuja finalidade última seja a de não existir mais. Assim é que, na intervenção psicológica, como em qualquer profissão que seja marcada pela possibilidade de pensar a si própria e a seus efeitos, a dimensão de pesquisa estará sempre presente. Essa aproximação marcada pelo contínuo caráter de estudo compreensivo possibilita um contato mais aprofundado com aqueles que constituem a vida diária escolar: professores, coordenadores pedagógicos, equipe gestora e de apoio, além de alunos e seus familiares. Ouvir atentamente esses importantes personagens ajuda a compreender os fenômenos educacionais de forma mais concreta, em suas continuidades e contradições.

Essa opção foi um importante passo, que nos pôs de frente às portas de outra longa caminhada, é verdade. Mas, afinal, estudar fenômenos de escolarização – em especial no Brasil – é mesmo adentrar um universo kafkiano[10]. E o que podem os psicólogos fazer diante desse labirinto composto por portas com vistas para outras tantas portas, que estão abertas, mas que não podem – não devem! – ser transpostas, como bem indicam as letras miúdas, esfumaçadas, que compõem as notas de rodapé invisíveis da atual política educacional?

Podem começar pelo desvendamento do faz-de-conta que vem sendo sustentado pelo discurso neoconservador. E o pior: não se trata de ficção. Aos psicólogos, de início, cabe a desculpabilização das vítimas, o reconhecimento e a denúncia dos processos diários de desumanização presentes em nossas formas atuais de socialização, entre elas, a praticada pela escola.

---

[10] Dentre os diversos textos possíveis, reportamos o leitor a *Diante da Lei*:
"Diante da lei está um porteiro. Um homem do campo chega a este porteiro e pede para entrar na lei. Mas o porteiro diz que agora não pode permitir-lhe a entrada. O homem do campo reflete e depois pergunta se então não pode entrar mais tarde.
- É possível - diz o porteiro. - Mas agora não.
Uma vez que a porta da lei continua como sempre aberta e o porteiro se põe de lado, o homem se inclina para olhar o interior através da porta. Quando nota isso o porteiro ri e diz:
- Se o atrai tanto, tente entrar apesar da minha proibição. Mas veja bem: eu sou poderoso. E sou apenas o último dos porteiros. De sala para sala, porém, existem porteiros, cada um mais perigoso que o outro". KAFKA, 1994.

Quando chegamos às escolas e aos seus sujeitos ou aos documentos oficiais, vimo-nos inundados de informações e acontecimentos que pouco nos revelam, de imediato, sobre a organização escolar. Os fenômenos escolares apresentam-se como confusos, caóticos, difíceis de captar àqueles que dela não fazem parte (e àqueles que dela fazem parte também). A escola e as políticas educacionais apresentam-se como um enigma indecifrável, dado seu dinamismo. Como compreender fenômenos tão complexos?

Ora, sabemos que as políticas públicas educacionais implementadas nas redes de ensino imprimem marcas profundas na constituição do processo de escolarização. Assim, mais do que atual, é imprescindível conhecermos o que propõe o discurso oficial em relação à educação, ao nos depararmos com a realidade absolutamente contraditória da escola pública. A presença do poder público se dá geralmente por meio de programas de governo, muitas vezes explicitados na forma de lei. A análise de seu conteúdo é peça-chave na compreensão das situações engendradas na escola.

Certamente, o discurso oficial expressa uma determinada concepção de educação pública e de mundo, cuja relação com a realidade prática é dialética. Ou seja, os gestores educacionais olham a realidade escolar a partir de uma perspectiva, para elaborar a política educacional que, portanto, revela tanto elementos dessa realidade como do olhar sobre ela depositado. Assim, se tais políticas representam a busca de respostas para os problemas vividos na escola, elas não expressam soluções neutras. Seja qual for o projeto educacional implantado, ele sempre estará absolutamente comprometido com uma visão específica em relação à realidade que se quer mudar. Desvelar suas raízes históricas, políticas e conceituais é tarefa de quem pretende compreender os impactos desses projetos no processo de escolarização.

Essa tarefa foi empreendida por cada um dos autores envolvidos na produção desse livro. A partir de nossas experiências individuais como pesquisadores em psicologia escolar numa perspectiva crítica, decidimos nos reunir para discutir nossos estudos, que tinham em comum o interesse em políticas públicas educacionais. Nesses encontros, fortaleceu-se a idéia de sistematizar nossas conversas e elaborar um registro que pudesse ser partilhado com psicólogos, educadores e demais pessoas que tentam aproximar-se de alguma compreensão a respeito do mal-estar na/da educação pública brasileira.

Comum às políticas educacionais apresentadas no presente livro é a consideração das críticas contundentes à escola enquanto instituição social e política, produzidas no Brasil sobretudo a partir da década de 1980. No entanto, o que se nota é uma apropriação no mínimo superficial dessa produção crítica, descaracterizando-a e travestindo-a, tomando, assim, apenas o que dela pode ser adaptado ao discurso hegemônico.

Assim, por trás da capa de inovação ou solução para os problemas educacionais, surge o que há de mais conservador neste campo. É dessa forma que políticas tais como a parceria com organizações não-governamentais, a elaboração de referências para a formação de professores, a exigência do projeto político-pedagógico da escola, a implantação do professor coordenador pedagógico, a abolição da reprovação escolar ou a inclusão de alunos com necessidades especiais, na contramão da transformação profunda da realidade escolar, vêm na esteira da lógica neoliberal, embebidas que estão em um discurso economicista, embora supostamente cidadão. Dessa maneira, tais programas de governo não raro acabam acirrando mais ainda as dificuldades vividas na escola. E suas contradições são sentidas por aqueles que constroem sua vida diária, geralmente na forma de um incômodo, revelado com maior ou menor clareza de suas determinações.

Efeito perverso dessas políticas educacionais, construídas a partir da apropriação esvaziada e, porque não dizer, intencionalmente distorcida da análise crítica da realidade escolar, é que, pela sua aparência de avanço, elas têm o potencial de silenciar vozes dissonantes, que chegam mesmo a serem acusadas de *ignorantes*, *atrasadas* ou *neobobas*, quando não de *conservadoras*, em uma inversão ideológica digna de nota[11]. A nítida desqualificação do discurso crítico também vem a serviço de construir uma situação que favorece o *consenso imposto*, que nada mais é do que uma *outra face do totalitarismo*[12].

A partir dessas considerações, entendemos ser fundamental explicitar que a análise crítica das políticas educacionais, objeto desse livro, não representa um gesto conservador, senão justamente o seu contrário, qual seja, a tentativa de não perder de vista a importância ética e política da melhoria da qualidade do ensino público oferecido. Por esse motivo, enfatizamos: não somos contrários à parceria entre escola e sociedade civil organizada, nem tampouco à melhoria da formação de professores, à necessidade de um projeto político-pedagógico que norteie o trabalho docente, à presença de um professor coordenador pedagógico que contribua à reflexão no interior da escola, ao fim da reprovação maciça na escola ou à garantia do direito à educação sem restrições. O que criticamos, portanto, é o direcionamento ético-político presente na realização precária desses ideais, que fazem parte da história das demandas mais progressistas no âmbito educacional, e cujos efeitos não revelam o enfrentamento dos problemas da escola, senão uma tentativa de contorná-los.

A partir da análise crítica das propostas educacionais implementadas pelo poder público, geralmente deparamo-nos com um discurso que está longe de ser de fato preocupado com a melhoria da qualidade do ensino oferecido. Ao contrário, vemos algumas contradições fundamentais, das quais destacamos: sob a máscara de compromisso com a democracia, a imposição autoritária de decisões de gabinete, pautadas, muitas vezes, na lógica econômica, e não educacional; por trás de um discurso em defesa das minorias, uma visão preconceituosa em relação aos mais pobres.

As contradições que constituem a escola geralmente aparecem ao psicólogo sob a forma de encaminhamentos de alunos com "queixas escolares", relativas a seus supostos problemas de comportamento ou

---

[11] *Cf.* PATTO, 2005.
[12] Nas palavras de OLIVEIRA, 1999.

dificuldades de aprendizagem. Tais encaminhamentos, no atual contexto, constituem demanda significativa no atendimento à infância e juventude, seja ele realizado em uma instituição educacional, seja um atendimento clínico. Num exercício de desinverter a lente a partir da qual olhamos a realidade, podemos perceber que se trata tão somente da ponta de um *iceberg* e, portanto, há muito mais a conhecer se, de fato, ensejamos intervir na histórica produção de fracasso escolar.

É preciso ganhar consciência do que estamos fazendo quando atuamos como psicólogos perante as queixas escolares. E isso tem início com a consciência de que nossa suposta neutralidade e nosso aberto desinteresse pelas relações entre micro e macro política, sob o fraco argumento de que não são *foco* de intervenção psicológica, têm tido conseqüências severamente danosas àqueles que nos procuraram na confiança de que encontrariam, pelo menos, alguém que ouvisse e compreendesse sua versão da história. Condenamos, julgamos – nessa ordem – e comprovamos mais uma vez nosso habilidoso olhar clínico, altamente qualificado; especialmente quando incide sobre os que pertencem às camadas mais pauperizadas da população.

É partindo dessa consciência histórica que podemos ir além, pois serve-nos de bússola. Claro está que as alternativas oferecidas não prometem grandes adesões a um projeto de extermínio das condições concretas para a barbárie que vivenciamos dia após dia. Dos estudos de ADORNO (1999) sobre música, podemos encontrar elementos que originem novas formas de relacionar teoria e prática, mantendo a tensão existente entre ideologia e vanguarda:

> Precisamente o que já está "gasto" cede maleavelmente à mão improvisadora; precisamente os temas "batidos" recebem nova vida como variações [...] Tal música consegue assumir os elementos depravados e formar um conjunto realmente novo, mas é incontestável que o seu material é tirado da audição regredida.

É essa a preocupação dos autores desse livro: a partir da análise crítica de algumas políticas públicas educacionais implementadas nas redes estadual e municipal de São Paulo, buscar encontrar uma importante chave para o entendimento das dificuldades vivenciadas por alunos e professores na construção da escola pública de qualidade. É uma porta que não podemos nos furtar a abrir, mesmo sabendo que poderemos nos deparar com um labirinto de tantas outras portas. E, em abrindo, habitá-las, conhecer a matéria de que se constituem, a lógica que obedecem para, assim, em conjunto, criarmos outra arquitetura, regida por outra estética: aquela em que se possa realizar a essência humana.

No primeiro capítulo deste livro, Luciana Dadico traz considerações sobre o discurso da Terceira Via e sua influência na definição de políticas educacionais no país, desde as concepções de educação apresentadas e objetivos postos à tarefa educacional até a redefinição do lugar do Estado em implementá-la e garanti-la enquanto direito. Como importante braço do modelo educacional construído, a presença das ONGs na área educacional é analisada pela autora, tendo em vista seu reflexo para a atuação do psicólogo escolar e profissionais da educação.

Luiz Antônio Alves, no segundo capítulo, analisa, a partir dos elementos *neoliberalismo-qualidade-competência-fracasso escolar*, o discurso oficial que vigora no âmbito das reformas educacionais, mais precisamente na questão da formação de professores, que são implantadas pelo MEC desde a promulgação da LDB/96.

O objetivo do terceiro capítulo é refletir sobre as possibilidades e impossibilidades de construção do projeto político-pedagógico pela escola pública. Flávia da Silva Ferreira Asbahr apresenta, num primeiro momento, uma breve síntese da literatura educacional brasileira sobre o projeto político-pedagógico. Num segundo momento, apresenta uma síntese das proposições da gestão educacional municipal (Gestão Partido dos Trabalhadores – 2001/2004) em vigência na época da pesquisa. Aponta, depois, algumas contribuições da psicologia histórico-cultural à análise sobre o projeto político-pedagógico entendido como atividade do corpo docente da escola. Por último, aponta as (im)possibilidades de construção de um projeto político-pedagógico e a produção da fragmentação da atividade pedagógica engendradas nas próprias condições objetivas de trabalho.

Marcelo Domingues Roman enfoca alguns dos discursos que se elaboraram por ocasião da implantação do professor coordenador pedagógico na rede estadual de ensino paulista. Analisa os discursos oficial, sindical e de alguns pesquisadores sobre o tema, apontando suas particularidades e inter-relações. Além disso, compara seus conteúdos com alguns dos resultados de um estudo de caso etnográfico sobre a implementação da função. O autor busca com isso descrever o quanto esses discursos confundem-se e permanecem distantes das relações institucionais concretas.

O quinto capítulo traz reflexões de Lygia de Sousa Viégas acerca do Regime de Progressão Continuada, implantado na rede estadual paulista em 1998, com o objetivo de alterar os altos índices de reprovação no ensino fundamental. A autora apresenta algumas discussões realizadas em sua dissertação de mestrado: uma breve perspectiva histórica das propostas de abolição da reprovação no Estado de São Paulo; uma análise crítica do discurso oficial no contexto da implantação desse programa de governo; e as concepções de um grupo de professores sobre escola em tempos de Progressão Continuada. A partir dessas diferentes perspectivas, são desnudadas algumas contradições desse programa de governo, que acirrou ainda mais a exclusão que acontece no interior das escolas, atingindo não apenas alunos, mas também professores.

No sexto capítulo, Carla Biancha Angelucci apresenta algumas considerações sobre a política de inclusão de pessoas com necessidades especiais na rede regular de educação. A autora pesquisa os possíveis sentidos que a inclusão escolar pode ter no atual contexto educacional, marcadamente segregacionista, enfocando, principalmente, a construção da ilusão de que o acesso e a permanência com qualidade nos bancos escolares estejam, enfim, sendo garantidos às crianças e jovens com necessidades especiais.

Fechando o livro, o sétimo capítulo produzido por Marilene Proença Rebello de Souza e intitulado "Políticas Públicas e Educação: desafios, dilemas e possibilidades" discute a presença da Psicologia no campo das políticas públicas em Educação, a importância do olhar desse campo de conhecimento por meio da pesquisa qualitativa. A autora procura responder à questão: que conhecimento temos construído, por meio da pesquisa em psicologia escolar e educacional, a respeito do processo de apropriação das políticas públicas na escola paulista? Para respondê-la, o texto retoma as pesquisas presentes nos capítulos anteriores, ressaltando a importância de conhecer a prática e o discurso daqueles que constroem o dia-a-dia escolar e como essa realidade se articula ao discurso oficial presente em todos os projetos de ação do Estado no campo da educação formal.

Finalmente, consideramos que este livro contribui com o campo da Psicologia quando sublinha a importância de pesquisarmos e entendermos a consolidação de políticas públicas no interior do trabalho docente, das práticas pedagógicas, sob o risco de compreendermos superficialmente a complexidade das relações escolares e da constituição dos indivíduos no contexto destas relações. Convidamos, por isso, à sua leitura.

LYGIA DE SOUSA VIÉGAS
FLÁVIA DA SILVA FERREIRA ASBAHR
CARLA BIANCHA ANGELUCCI

São Paulo, março de 2006.

Referências bibliográficas

ADORNO, T.W. O Fetichismo na Música e a Regressão da Audição *In*: *Pensadores*. São Paulo: Nova Cultural, 1999.

ANGELUCCI, C.B.; KALMUS, J.; PAPARELLI, R.; PATTO, M.H.S. O estado da arte da pesquisa do fracasso escolar (1991-2002): um estudo introdutório. *In*: *Revista Educação e Pesquisa*, vol. 30, n. 1, jan.-abr., 2004, pp. 51-72.

CHAUI, M. *Cultura e democracia*. São Paulo: Editora Cortez, 2001.

FERNANDES, F. *Educação e Sociedade no Brasil*. São Paulo: Dominus/Edusp, 1966.

_____. *O desafio educacional*. São Paulo: Editora Cortez/ Autores Associados, 1989.

GOLDENSTEIN, M.M. *A Exclusão da Escola de 1º Grau: a perspectiva dos excluídos*. São Paulo: Fundação Carlos Chagas, 1986.

KAFKA, F. Diante da Lei. *In*: KAFKA, F. *Um Médico Rural*. São Paulo: Brasiliense, 1994.

KOSIK, Karel. *Dialética do concreto*. São Paulo: Paz e Terra, 2002.

LEOPOLDO E SILVA, F. Conhecimento e Razão Instrumental. *In*: *Revista Psicologia USP*. São Paulo, v. 8, n. 1, 1997.

MARTINS, J. de S. Apresentação. *In*: FORACHI, M.M. *Sociologia e Sociedade: leituras e introdução à sociologia*. Rio de Janeiro: Livros Técnicos e Científicos, 1983.

MARX, K. O método da economia política. *In*: FERNANDES, F. (org.). *Marx e Engels: História*. São Paulo: Ed. Ática, 1989, pp. 409-417 (Coleção Grandes Cientistas Sociais).

OLIVEIRA, F. Privatização do público, destituição da fala e anulação da política: o totalitarismo neoliberal. *In*: OLIVEIRA, F. e PAOLI, M.C. (orgs.). *Os sentidos da democracia: políticas do dissenso e hegemonia global*. Petrópolis: Vozes, 1999 (Coleção Zero à Esquerda).

PATTO, M.H.S. *A Produção do Fracasso Escolar: histórias de submissão e rebeldia*. São Paulo: T.A. Queiroz Editor, 1990.

_____. *Mutações do Cativeiro*. São Paulo: Hacker Editores/Edusp, 2000.

_____. Mordaças Sonoras: a psicologia e o silenciamento da expressão. *In*: PATTO, M.H.S. *Exercícios de Indignação: escritos de educação e psicologia*. São Paulo: Casa do Psicólogo, 2005, pp. 95-108.

TERCEIRA VIA, IDEOLOGIA E EDUCAÇÃO

LUCIANA DADICO[1]

Certas classes atribuem a si o conhecimento; e a opinião, ao povo. O limite entre a opinião sadia e a demência não é traçado pelo conhecimento do concreto, mas por essas classes. A sua opinião se substitui à verdade do fato.

Ecléa Bosi

Introdução

Na corrente dos ventos globais, aportaram no Brasil teorias sociopolíticas tomadas como referencial para justificar um renovado conjunto de ações na área social. Foram propaladas, especialmente durante a década de 1990, como solução, capazes de conciliar os modelos capitalista e socialista num sistema que aproveitasse o que há de melhor em cada um deles, a saber, a concorrência e a iniciativa do indivíduo, com a preservação de sua autonomia, e a garantia de igualdade.

Sob um novo modelo, a igualdade, ponto de discordância entre socialismo e liberalismo, deixa de ser entendida como igualdade *per se*, ou seja, não representa a igualdade econômica e de propriedade dos meios de produção, estendida ao plano das necessidades humanas (como defende o socialismo). Também não se defende uma igualdade de oportunidades restrita ao plano das leis de mercado.

---

[1] Psicóloga, mestre em Psicologia Escolar pela Universidade de São Paulo. ludadico@usp.br

Se o liberalismo propõe uma igualdade de oportunidades que sabemos falaciosa enquanto possibilidade concreta, e a social-democracia se propõe a garanti-la através de um forte Estado de Bem-Estar, criticado enquanto aparelho burocrático, massificador e incapaz de atingi-la plenamente, o novo discurso vai dizer que é a partir da promoção positiva de iniciativas individuais e coletivizadas que será possível garantir a igualdade de oportunidades. Tarefa dita possível sem que se retire do indivíduo aquilo que lhe é particular, mas propondo ainda uma divisão de poderes que promova autonomia, conciliação duradoura entre igualdade e liberdade.

Segundo CHAUI, essas idéias foram nutridas no momento em que se agravava em todo o mundo o quadro social legado pelo neoliberalismo, enquanto nos países europeus, o Estado de Bem-Estar – pedra fundamental da social-democracia – mostrava também sinais de desgaste. A pretensão anunciada pela chamada Terceira Via seria, então, nada mais nada menos que fazer arcaicas as discussões entre os ideais cindidos do comunismo e do liberalismo. Mais uma vez, como ressalta a pensadora, visto que esse mesmo ideal conciliatório entre os diferentes modelos político-econômicos já foi tentado, sem sucesso, pela própria social-democracia e também pelo fascismo (CHAUI, 1999). Postulam os autores da Terceira Via que, com o fim da Guerra Fria, os conceitos de esquerda e direita perderam o sentido. Assim, defendem a necessidade de aprofundar "valores socialistas" mantendo uma economia de mercado.

Essas teorias vieram fundamentar o projeto político de um conjunto de líderes europeus, dentre os quais destaca-se pioneiro o trabalhismo inglês, cujo discurso serviu de contraponto eleitoral perante os sociais democratas (enfraquecidos após a derrocada de Gorbatchev na ex-URSS) e também do desgastado fundamentalismo neoliberal de Margareth Thatcher.

Apesar da expressão Terceira Via consolidar-se em função da proposta eleitoral trabalhista, seu escopo teórico ultrapassou a intenção da propaganda. A ambição do primeiro-ministro Tony Blair tornou-se a formação de um "consenso de centro-esquerda" para o século XXI. A Terceira Via transformou-se a partir daí em diretriz política, não somente para a Inglaterra, mas para todo um conjunto de países, reunidos de Seattle à Cúpula de Florença[2]. Nesta última, merece nota particular a presença do então presidente Fernando Henrique Cardoso.

No Brasil, onde valores políticos, acomodados aos interesses locais, foram desde o início da nossa história incapazes de corrigir o avanço da brutal desigualdade econômica e social entre nossos cidadãos, faz-se importante refletir sobre o modo como recebemos e incorporamos as idéias e modelos apresentados.

No momento que este artigo caminha para a publicação, uma seqüência de acontecimentos em nível mundial faz com que a Terceira Via, no campo político, perca terreno e potencial diante da extraordinária guinada conservadora iniciada pelo presidente dos Estados Unidos, George Walker Bush. Embora a Terceira Via venha reduzindo sua expressão política, em um cenário ainda mais grave, o arsenal teórico construído por seus idealizadores para justificar todo um conjunto de mudanças demandadas pelo neoliberalismo mantém-se hoje consolidado e entremeado aos discursos e políticas implementadas nas áreas sociais, especialmente nos países em que seus governantes abraçaram suas idéias com maior vigor, como é o caso do Brasil.

Na área da educação, particularmente afetada com a manutenção dos projetos políticos historicamente colocados, verificamos que os ideais da Terceira Via ainda têm pautado todo um escopo de

---

[2] A Cúpula de Florença foi um encontro de líderes mundiais, reunidos para debater a Terceira Via, em abril de 1999, na cidade italiana de Florença. Lá estiveram presentes, além de Tony Blair, chefes de Estado de diversos países, como Itália, Alemanha, França, Brasil e Estados Unidos. A cúpula de líderes da Terceira Via, agora também nomeada por *progressive governance*, mereceu outras reedições, ganhando a adesão de países como Canadá, Portugal, Chile, Argentina, dentre outros.

O Encontro de 1999 realizou-se poucos dias antes da chamada Rodada do Milênio, evento organizado pela Organização Mundial do Comércio na cidade norte-americana de Seattle, onde as maiores potências mundiais reuniram-se para debater as regras do comércio internacional. Intensas manifestações populares concorreram ao evento, criticando a falta de participação da sociedade civil na definição dos rumos econômicos do planeta.

ações, nos diversos níveis de governo, que atingem desde os papéis atribuídos à educação e os objetivos postos à tarefa educacional, até a redefinição do lugar do Estado em implementá-la e garanti-la enquanto direito universal.

O presente artigo não vem expor uma análise aprofundada do pensamento dos autores que norteiam as concepções sobre a Terceira Via e dos que realizam sua crítica. Pretendo deter-me nas idéias de dois autores em particular, David HELD e Anthony GIDDENS[3], externadas por meio de três artigos em particular, publicados entre 1994 e 1999. A partir daí, exponho alguns aspectos de suas teorias, que irão influenciar políticas educacionais fundadas neste modelo. Autores como CHAUI, GRAMSCI e PASSETTI fornecem um norte para a compreensão do que surge oculto destes modelos e ações.

A Terceira Via e o papel da educação

Junto à retórica da Terceira Via, a educação assume novos papéis, contornos e importância, ao mesmo tempo em que vem justificar uma renovada ordem estabelecida para as relações sociais e econômicas.

Inserido num modelo político democrático, o projeto postulado pelos idealizadores da Terceira Via destaca a autonomia do indivíduo como valor preponderante. A autonomia, para HELD (1997), é entendida no patamar da igualdade de direitos e oportunidades:

---

[3] Anthony GIDDENS (1938) é um dos principais sociólogos europeus e amigo pessoal do primeiro-ministro Tony Blair. Atualmente, é professor de Sociologia da Universidade de Cambridge e dirige a London School of Economics, fundada em 1895. Um dos textos aqui utilizados – *Admirável mundo novo: o novo contexto da política* – foi escrito um pouco antes dele assumir este posto. Embora tenha publicado mais de vinte títulos nas áreas de Sociologia e Política, ficou mundialmente conhecido por suas teorias sobre a Terceira Via, a respeito da qual lançou também *The Thirdy Way*, pela Polity Press, dentre outros.

David HELD é professor de Política e Sociologia da Open University e autor dos livros *Models of Democracy* e *Democracy and the Global Order*.

O princípio da autonomia pode ser enunciado como se segue: as pessoas deveriam gozar de direitos iguais (e, conseqüentemente, de obrigações iguais) na estrutura que gera e limita as oportunidades a elas disponíveis; isto é, elas deveriam ser livres e iguais na determinação das condições de suas próprias vidas, até onde elas não utilizem esta estrutura para negar o direito das outras (p. 69).

Deste modo, cabe à educação a tarefa de proporcionar aos cidadãos oportunidades participativas iguais (HELD, 1997). Assim, todas as pessoas estariam preparadas para assumir o governo, para avaliar decisões políticas e, ainda, aptas a determinar, econômica e socialmente, as condições de sua própria existência. A autonomia, possível apenas mediante uma divisão de poderes, torna-se inviável sem o componente educação.

A educação, livre e universal, aparece como instrumento para o gozo de uma *autonomia igual*, tanto do ponto de vista econômico quanto do ponto de vista político, garantindo ao indivíduo o livre acesso ao mercado de trabalho, através da possibilidade real dele exercer escolhas profissionais e, ainda, incrementando seu direito de expressão e escolha política. Fundando-se na tese de um capitalismo regulado, os autores da Terceira Via defendem a redução de desigualdades intrínsecas ao sistema capitalista até onde elas não interfiram na livre iniciativa econômica.

Assim, o indivíduo deve ter pleno acesso à *informação* e à *formação*, nutrindo sua capacidade de autodeterminar-se. Nas palavras de HELD, uma cidadania livre e igual requer não apenas direitos e deveres formais, mas também "acesso às habilidades, recursos e oportunidades para fazer o que estas estipulações formais contêm na prática" (HELD, 1997, p. 80, grifo meu). Não aparecerão como conteúdos relevantes a esta educação um pensamento crítico, promotor da *práxis*, mas sim um conjunto de matérias que tragam ao indivíduo instrumentos para posicionar-se socialmente e prover a própria sobrevivência.

Sob o modelo educacional defendido, constatamos então que a eficiência, posta como um novo dogma, ressurgirá como valor fundamental, encarregada de justificar critérios de eliminação em uma sociedade de aguerrida concorrência, diante da qual a educação se recompõe como critério básico (SEVCENKO, 2001, p. 40).

Do ponto de vista político, a Terceira Via se autodefine como um movimento modernizador de centro. A emancipação, considerada como conceito nuclear a uma política de esquerda e à criação de uma autonomia de ação, será tomada como sinônimo de liberdade em relação à tradição, ao poder arbitrário e às privações materiais.

A política emancipatória será definida como uma política de oportunidades de vida, fundamental, mas não suficiente para compor o que GIDDENS chamará de "novo contexto da política", isto é, um cenário globalizado, de superação da tradição e consolidação do domínio do homem sobre a natureza. Aí, a política da vida se tornará obra exclusiva da decisão humana, e desta feita, tão somente, "uma política de *estilo* de vida" (GIDDENS, 1997, p. 48). GIDDENS despolitiza a política.

Ao desconsiderar a divisão de classes no contexto da disputa política, na verdade, GIDDENS perde do conceito de emancipação originalmente empregado por autores marxistas o que ele traz de mais relevante à educação: a idéia de que a autonomia histórica do homem está relacionada, necessariamente, à compreensão acerca de sua posição no mundo e de suas determinações sociais.

É nesse contexto que, nas palavras de Olgária MATOS (1997), a trilogia humanista passará a ter outra significação: liberdade é sinônimo de livre fluxo de capitais; igualdade é o direito e a obrigação de voto; e fraternidade, tornou-se símbolo de caridade, não de responsabilidade pelo coletivo.

Nessas condições, almejar a autonomia através da "livre iniciativa social" parece menos uma proposta para solucionar problemas sociais que uma "filosofia de vida", pertinente apenas às escolhas individuais – o que mostra outra faceta do discurso ideológico: fazer parecer que problemas coletivos podem ser resolvidos em nível individual.

Do ponto de vista cultural, almeja-se que o indivíduo tenha amplo acesso à cultura erudita, e, sobretudo, aos conhecimentos técnicos, que lhe permitirão acompanhar e fazer uso do rápido desenvolvimento tecnológico do mundo globalizado, absorvendo criticamente as rápidas informações veiculadas pelos meios de comunicação de massa do modo mais conveniente. É o que GIDDENS (1997) vai chamar de *modernização reflexiva*.

A *modernização reflexiva* é também colocada em um terceiro plano, como uma alternativa às culturas moderna e tradicional. Sob este enfoque, a capacidade crítica do indivíduo deverá manifestar-se tanto em relação ao novo quanto em relação aos hábitos e comportamentos arraigados nos grupos aos quais pertence, adaptando-os à sua própria realidade e modo de pensar. Não se faz a crítica da cultura tecnocrática e seus aspectos ideológicos e elitizantes. O combate à barbárie[4] deve ser travado pelo indivíduo isoladamente, uma vez nutrida sua capacidade de desvencilhar-se das mazelas impostas pelo elogio da técnica e pela indústria cultural de massas. Como prenuncia GIDDENS, "um mundo de reflexividade intensificada é um mundo de pessoas espertas" (1997, p. 41).

Embora não possamos fazer aqui uma crítica mais aprofundada, percebemos no discurso de GIDDENS a supressão do veio crítico e da cultura popular na distinção entre culturas. A modernização reflexiva é destacada como alternativa a uma falsa dualidade cultural, em que seus plurais são eliminados. Esses dois "blocos culturais" aparecem de modo estanque e descolados de seu contexto.

---

[4] Adotamos aqui o conceito de barbárie empregado por Walter BENJAMIN (1986). Em um resumo forçoso, podemos dizer que, para Benjamim, a barbárie decorre da pobreza de experiência que vivemos. Isto não é necessariamente pejorativo, mas expõe como característica da sociedade do pós-guerra a ausência de experiências aliada ao excesso de idéias, e um conseqüente cansaço. Para que se possa novamente "partir do princípio", contudo, é necessário assumir a condição de pobreza em que vivemos, construindo o novo a partir de um outro saber.

A discussão acerca da cultura é trazida para a esfera individual, omitindo-se os processos através dos quais ela própria se constrói, pelo trabalho e pela participação na vida comum. Postula-se que a cultura tradicional e técnica são homogêneas em seus diferentes núcleos, e que a capacidade de criação, transformação e resistência se manifestam apenas conquanto sejam assim defendidas como modelo de ação. Mas a própria definição de cultura, lembra-nos BOSI (1983), remete à reflexão, à participação, ao trabalho; se é certo que o homem necessita de condições para seu incremento cultural, deveríamos então tratar dessas condições, não de um novo molde para sua construção.

Assumindo papel de destaque no projeto almejado pela Terceira Via, do ponto de vista formal, a educação aparece como direito social, pertinente ao *Welfare*. Ao lado do governo, contudo, as instituições de bem-estar social são consideradas alienantes, burocráticas e dispendiosas, o que as afasta da finalidade a que se destinam. Assim, os autores da Terceira Via apregoarão uma nova relação entre risco e seguridade social, e, por conseguinte, a necessidade de uma reforma do Estado, destinada a torná-lo mais democrático e operacional.

Estado *versus* sociedade civil

Segundo GIDDENS (1997), o governo não deve mais deter-se na ação negativa, ou seja, no combate às mazelas geradas pelo sistema capitalista; deve, sim, atuar de maneira positiva, fornecendo aos indivíduos e suas organizações a possibilidade de desenvolver seus próprios projetos de atuação social. Em sua lógica, descentraliza-se o poder, democratizando a democracia.

Ao estabelecer-se uma rede de solidariedade social, o investimento social não será mais direto, intervindo nos setores sociais onde a desigualdade é gerada, mas acontecerá, sobretudo, de modo indireto, deslocando-se para os agentes capazes – diga-se, o Terceiro Setor[5] – de desenvolver políticas sociais de modo mais *eficiente*. A busca, aqui, se faz pelo desenvolvimento do capital humano, pela geração de riqueza. Nas palavras do autor, "o Estado deixa de ser um instrumento para a correção das desigualdades geradas pelo capitalismo para ser um fomentador de iniciativas geradas em seu contexto" (GIDDENS, 1997). Deixa de "gastar", passa a "investir". Como forma de assomar adjetivos ao intento, valoriza-se a espontaneidade, a criatividade, "características de uma sociedade de mercado", ao mesmo passo em que se busca eliminar o desperdício, a corrupção, a lentidão e a acomodação atribuídas aos programas estatais.

GIDDENS afirma que a democracia liberal fracassou, pois não era democrática o bastante. A forma de corrigi-la é, portanto, democratizar o Estado, objetivo possível mediante uma delegação de poderes. Seguindo nesta lógica, "a 'democratização da democracia' anda de mãos dadas com o fomento da participação de órgãos da sociedade civil" (1997, p. 6).

A tarefa educacional, assim, não será mais responsabilidade exclusiva do Estado, que deixa de ser o único agente na promoção dos direitos fundamentais. As responsabilidades sociais são compartilhadas e passam a estender-se à sociedade como um todo, que, organizada através de ONGs, associações etc., passa a ter uma capacidade maior de atuação. Espera-se, daí, que o terceiro setor assuma parte das tarefas que antes eram de competência do poder público. Do terceiro setor esperam-se iniciativas que preencham os vazios deixados pelo Estado, e que venham a substituir projetos estatais ineficientes na realização de políticas públicas voltadas aos mais diversos campos sociais e segmentos da população. Sob a lógica defendida, problemas sociais

---

[5] GIDDENS (1997) toma o terceiro setor como sinônimo de setor de serviços (diferenciado dos setores extrativistas e industrial). O termo *third sector*, na verdade, surge na Inglaterra dos anos 1980 como tentativa de renomear práticas de filantropia e mecenato, originadas na esfera privada, em vigor naquele país desde a Idade Média, procurando diferenciá-las das ações de governo ou empresariais/lucrativas.

graves e urgentes do mundo moderno, como o declínio urbano e aumento dos níveis de criminalidade, devem ser combatidos com estratégias de renovação comunitária.

O que se entende por "comunidade" neste escopo teórico, contudo, parecerá mais adequado não a uma descentralização efetiva do poder, mas a uma readaptação da agenda estatal. Nas palavras de CHAUI:

> [...] as comunidades não são vistas como pólos de auto-organização social, nem como contrapoderes sociais contra o domínio estatal puro, nem muito menos como formas de expressão das classes sociais e dos grupos, e sim como *estratégia estatal para a transferência de responsabilidades*, estratégia que se apóia na suposição de que as comunidades são aspectos do multiculturalismo e da necessidade do renascimento do espírito cívico! (1999, p. 10, grifo meu).

É interessante notar aqui como esta concepção de participação comunitária se faz pertinente à análise de algumas das políticas sociais implantadas nas últimas gestões à frente do Governo do Estado de São Paulo, como a polícia comunitária, a municipalização do ensino, a progressão continuada, a municipalização da saúde, a terceirização da atenção social. Esses programas têm por característica básica uma proposta de descentralização, que implantada vem significar unicamente uma tentativa de abrir canais de informação, contudo perdida nos caminhos da burocracia, somada à "imposição de ações progressistas" e à distribuição – condicional e cada vez menor – de recursos financeiros. São medidas que, embora adequadas ao novo jargão, estão longe de alcançar uma efetiva participação de funcionários e cidadãos, ou da chamada "comunidade".

No pensamento dos autores da Terceira Via, a autonomia individual almejada é utilizada como argumento para justificar uma redistribuição de responsabilidades. Por meio de uma operação ideológica, Estado e sociedade civil, aqui tomada por Terceiro Setor[6], passam a ocupar instâncias opostas em qualidades e atribuições.

---

[6] ARANTES (2000, p. 12) dirá que "a sociedade civil acabou se revelando na apoteose do terceiro setor: simplesmente, sem tirar nem pôr, ela é o Terceiro Setor".

Se emprestarmos alguns conceitos da sociologia gramsciana, veremos que sociedade civil e Estado, longe de contraporem-se, colocam-se como categorias participantes de um mesmo sistema social e econômico, à luz do qual têm de ser considerados. Para GRAMSCI, o papel do Estado está estritamente vinculado à questão da luta de classes. A sociedade civil, assim como a sociedade política, são consideradas como "expressão do Estado no nível da linguagem e da cultura" (GRAMSCI, 2000, p. 279). Constitui um erro fundamental, portanto, colocar-se contra ou favor do Estado em si[7], como fazem os autores da Terceira Via.

Sociedade civil, para GRAMSCI, é a "*hegemonia* política e cultural de um grupo social sobre toda a sociedade, como conteúdo ético do Estado" (*op. cit.*, p. 225, grifo meu), exercida através de organizações privadas, como a Igreja, os sindicatos, a mídia, as escolas etc. O Estado é entendido como "o equilíbrio entre sociedade política e sociedade civil" (*apud* COUTINHO, 1981, p. 91). Assim, para o autor, Estado e sociedade civil são conceitos intimamente ligados, que só fazem sentido quando analisados à luz do pensamento econômico marxista. Ou, como esclarece Carlos Nelson COUTINHO (*op. cit.*, p. 92):

> Nesse sentido, ambas [*sociedade política e sociedade civil,* para Gramsci] servem para conservar ou promover uma determinada base econômica de acordo com os interesses de uma classe social fundamental. Mas o modo de encaminhar essa promoção ou conservação varia nos dois casos: no âmbito e através da sociedade civil, as classes buscam exercer sua *hegemonia*, ou seja, buscam ganhar aliados para suas posições mediante a *direção política e o consenso*; por meio da sociedade política, ao contrário, as classes exercem sempre uma ditadura, ou, mais precisamente, uma dominação mediante a coerção.

---

[7] Gramsci defendia, inclusive, uma necessária "estatolatria", para que se dê a transição histórica da vida estatal para a vida estatal autônoma, ou o *autogoverno* – em que a vida estatal, permanecendo, não dependeria mais da máquina de governo, ou como ele denomina, do "governo dos funcionários" (*op. cit.*, p.280).

A sociedade civil define-se, então, não em relação ao Estado, mas à sociedade política, que corresponderia ao "*domínio direto* ou de comando, que se expressa no Estado e no governo *jurídico*" (BOBBIO, 1987, p. 40). Em outras palavras, enquanto na sociedade civil disputa-se o poder hegemônico, na sociedade política disputa-se o poder coercitivo.

Embora o conceito gramsciano de *sociedade civil* guarde algumas diferenças com relação ao conceito empregado na obra de Marx – diferenças que se referem sobretudo à importância conferida às organizações na manutenção do equilíbrio de forças que sustentam o Estado (*op. cit.*, p. 120) – é importante destacar que para ambos a *sociedade civil* define-se no contexto da luta de classes. Para MARX, *sociedade civil* é o lugar onde se realizam as relações econômicas. A sociedade civil seria então o conflito inerente à luta de classes materializado nas relações entre os indivíduos, que com o predomínio da burguesia, acaba por representar a própria sociedade burguesa.

Assim, o "fortalecimento da sociedade civil", para GRAMSCI, está diretamente relacionado à socialização da produção e à conseqüente redução da jornada de trabalho (COUTINHO, 1981), não à retirada do Estado no provimento de recursos sociais em um estágio político e econômico (como o ainda atual) em que as divisões de classe, longe de se esvaírem, aprofundam-se a cada dia. Ao contrário, cabe ao Estado, compreendido como sociedade política e sociedade civil, promover a socialização da economia, de modo que possamos chegar ao ponto em que, um dia, não haja mais distinção entre classes, e a política não seja mais necessária.

Da definição gramsciana pretende-se hoje, porém, um outro recorte, fundado em pressupostos sócio-políticos bastante diversos, que definem *sociedade civil* como um conjunto de entidades e órgãos de atuação que excluiriam de seu campo a atividade privada lucrativa. Em última instância, entidades onde os conflitos postos pela organização capitalista do trabalho ficam ocultos para dar visibilidade a preocupações "mais nobres", nominadas como de ordem pública.

A justificativa para o "fortalecimento" da sociedade civil, como defenderia a ex-primeira-dama da República (CARDOSO, 2000), encontra sua pertinência, então, de modo bastante contraditório, na medida justa em que a solidariedade e a busca da igualdade não constituem valores de mercado numa sociedade que, entretanto, continua a produzir exclusão em escala industrial.

Um terceiro ciclo no atendimento educacional

Acompanhando a história das políticas educacionais implementadas em nosso país somos apresentados ao fracasso do ensino público, especialmente em seus níveis fundamentais. Este fracasso, desenhado de modo particular ao longo dos diversos momentos políticos brasileiros, sempre esteve contornado por discursos cientificistas e teorias de diversas áreas, dentre as quais a Psicologia destaca-se, encarregados de justificar este fracasso na mesma medida em que depositam nos aprendizes, em particular na população pobre, as causas do fracasso escolar (PATTO, 1990).

Entretanto, a fala que hoje desponta como nova, de distribuir responsabilidades com a sociedade, na verdade expressa a mesma prática, inserida num discurso claramente mercadológico, que há muito já vem sendo empregada e explicada na área educacional: objetivamente, pela crise fiscal do Estado, e, teoricamente, pelos supostos benefícios trazidos pela auto-regulação do mercado e pela livre iniciativa. Assim, a privatização do ensino, acentuada nos níveis superiores e disseminada em todos os níveis de escolarização, apenas dá a faceta exterior ao vivido por crianças e jovens brasileiros: a brutal exclusão educacional, que expulsa sistematicamente as classes subalternas dos bancos de nossas escolas – públicas e particulares.

As práticas educacionais defendidas por intermédio da retórica da Terceira Via, longe de diferirem substancialmente, seguirão a trilha do implementado dentro de um modelo afirmado neoliberal. Em sua tentativa de homogeneização, o novo discurso faz parecer que a redistribuição das responsabilidades e a execução das políticas sociais pelo Terceiro Setor, além de obter um ganho de *qualidade*, aproxima a sociedade das decisões, de modo que os cidadãos se coloquem num patamar de real igualdade de direitos. A fala gira em torno da descentralização do poder e da democratização *da sociedade*. Entretanto, facilmente percebe-se que a desigualdade, na realidade, persiste, apenas cabendo aos cidadãos de uma outra classe o desenvolvimento de políticas reparadoras, como se elas pudessem de fato reparar uma desigualdade que é intrínseca a seu funcionamento, e gerada na esfera do trabalho. Trabalho que se flexibiliza, terceiriza, mas não se compartilha. Não é por acaso, como muito apropriadamente nos mostra CHAUI, que "no vocabulário da Terceira Via, o conceito de trabalho desapareceu, ficando em seu lugar ora o termo 'emprego' ora o termo 'mercado'" (1999, p. 6).

Em consonância com o discurso hegemônico, e encontrando amplo espaço para a implementação de políticas sociais, vem crescendo no país o número de organizações criadas e geridas pela sociedade civil destinadas a atuar nas áreas sociais. Pesquisa realizada no Brasil pelo Instituto de Estudos da Religião (ISER) mostrou que, em 1995, as organizações do chamado "setor sem fins lucrativos" empregavam mais de um milhão de pessoas, ou cerca de 1,7% da população ocupada do país.

A educação merecerá, não por acaso, lugar de destaque como área permeável à inserção destas organizações[8] (DADICO, 2003). Este fenômeno acompanhará a instituição de um novo modelo no relacionamento entre o Estado e a infância pobre no Brasil, que será denominado por Edson PASSETTI (2000) como a *nova filantropia*.

---

[8] A pesquisa que originou a dissertação de mestrado "A atuação dos psicólogos em ONGs na área da educação" (DADICO, 2003) aponta que a educação figura como área preferencial para a atuação de organizações não-governamentais, uma vez que oferece largos terrenos para atuação profissional ao lado de maiores facilidades na captação de recursos financeiros em relação a outras áreas, como trabalho e renda e outras.

Os estudos deste autor nos mostram que o atendimento à infância pobre no país foi baseado, desde o início de nossa história, em uma alternância de modelos, entre a filantropia privada, por meio de seus orfanatos, e instituições públicas de reclusão e educação. Em um primeiro ciclo, então, a Igreja aparecia como instituição principal de atendimento à infância pobre, recolhendo, geralmente de modo arbitrário e cruel, os filhos das numerosas famílias de trabalhadores sem condições de suster seus membros.

A partir da Proclamação da República inaugura-se um segundo ciclo, em que o governo assume presença maior nesta área, e de maneira mais incisiva no período que se seguiu à ditadura militar pós-1964. Pretendia-se, dessa forma, obter maior controle ideológico e repressivo junto à juventude, assumindo a idéia de que a família desestruturada estava no cerne da geração de criminosos e ativistas políticos.

O que a *nova filantropia* vem trazer hoje, neste terceiro ciclo, respaldada pela legislação de amparo à infância em vigor – como o próprio Estatuto da Criança e do Adolescente – , é a redução da presença governamental no atendimento social direto, de modo que ao governo passa a caber apenas a supervisão e a orientação das ações sociais.

A nova política vem acompanhada de um conjunto de subvenções tributárias facilitadoras do investimento empresarial, associada à diminuição do investimento estatal na área e ao redimensionamento dos custos sociais, em acordo com as novas diretrizes globais. Assim,

> Não se faz mais filantropia como antigamente, ao custo do próprio bolso, da caridade religiosa, nem como, até recentemente, à custa do Estado. Agora o empresariado faz filantropia, na maioria das vezes, graças ao que deixa de pagar para o Estado. É o terceiro ciclo da filantropia que se inaugura na República brasileira, seguindo o da filantropia privada e depois o da filantropia estatal (PASSETTI, 2000, p. 368).

O atendimento direto à criança pobre passa, então, a ser implementado por organizações externas ao aparato estatal – as chamadas *organizações não-governamentais*, ou ONGs –, abrindo caminho ao retorno das instituições educacionais religiosas e gerando espaço também para organizações laicas, redirecionando os investimentos públicos neste campo. Ambas transformam-se em novo mercado de trabalho para profissionais liberais, que até o momento vinham sendo afastados do exercício profissional nas áreas sociais, continuamente encolhidas nas esferas de governo.

É importante perceber que a abertura de espaços à ação "não-governamental", que parece surgir democraticamente como movimento e iniciativa cidadã, em uma sociedade compelida pelo senso de justiça, desponta fruto, na verdade, de uma política de Estado deliberada, destinada a açambarcar discursos em prol da instituição de um novo modelo, de redução do *Welfare*, e conseqüente encolhimento dos espaços públicos.

Como exemplo importante desta diretriz política, observamos a inauguração, pelo Governo do Estado de São Paulo, de um novo modelo de gestão da Fundação do Bem-Estar do Menor. Se esta entidade permanecia até pouco tempo como uma das poucas áreas sociais onde a ação governamental figurava exclusiva, a idéia agora é que também as instituições de reclusão possam ser administradas em "co-gestão" com organizações não-governamentais, conforme divulgado pela própria FEBEM, em sua página oficial na rede:

> O Instituto Mamãe – Associação de Assistência à Criança Santamarense – *assume a responsabilidade pela execução de todas as medidas socioeducativas e pedagógicas, ficando com a Febem – Fundação Estadual do Bem-Estar do Menor – as tarefas de segurança e manutenção.* A abertura do espaço é um projeto que concretiza a nova filosofia da Febem, sob orientação da Secretaria de Estado da Educação. [...] Neste novo modelo de gestão compartilhada, as unidades e os adolescentes permanecem sob

controle da Febem, mesmo porque atividades como segurança são exclusivas dos órgãos da administração estadual e indelegável para os particulares. A proposta é efetivamente de co-gestão, ou seja, soma dos melhores esforços dos diferentes setores da sociedade para atingir o melhor modelo de reencaminhamento dos adolescentes em conflito com a lei. Ao Estado sempre permanecerá a responsabilidade pela direção da unidade, supervisão de todo o seu funcionamento e contenção dos adolescentes. Já à organização não-governamental prevalecerá a lida diária nas atividades pedagógicas voltadas para a ressocialização[9].

O atendimento à criança e ao adolescente recebidos pela Fundação permanece sob a lógica do antigo Código de Menores, centrada na "contenção" e caracterizada como "atividade de segurança", oferecendo absurdo continuísmo à idéia de que cabe ao Estado proteger a sociedade da infância marginalizada. A "gestão" do serviço, contudo, surge encapada com uma roupagem mais "moderna", adequada às disposições teóricas da Terceira Via, em que organizações outras, de suposta competência técnica, assumem tarefas dantes delegadas ao próprio serviço (as medidas pedagógicas e socioeducativas). Mas, importante esclarecer do texto, "ao Estado sempre permanecerá a responsabilidade pela direção da unidade, supervisão de todo seu funcionamento", deixando muito claro que a diretriz política que norteia a atuação do órgão permanece a mesma, agora acrescida de um conjunto de novas técnicas correcionais.

Pertinente ao novo modelo de Estado defendido pela Terceira Via, parte dos investimentos na área educacional é redirecionado para as organizações não-governamentais (ou para as fundações que as sustêm). As ONGs assumem, desta forma, lugar importante na redistribuição de papéis e "responsabilidades" envolvidos dentro do novo modelo de relacionamento entre sociedade e governo.

---

[9] Texto obtido via base de dados: http://www.febem.sp.gov.br/index/novasunidades.htm, consultada em março de 2004.

No campo da educação pública, como apontou pesquisa realizada pela autora (DADICO, 2003), será implementada uma espécie de "terceirização de serviços" pedagógicos, uma vez que as ONGs encontrarão espaços abertos para a venda de conhecimentos técnicos na área. Elas atuarão em entidades e programas variados, que abarcam o atendimento extra-classe, a formação de professores, a realização de oficinas culturais, a produção de publicações e apoio à escola, dentre outros. Seu modo de atuação, porém, não se constituirá radicalmente diferente do já implantado como diretriz de governo, salvo alguns casos excepcionais. Como regra, na verdade, observamos que a dependência financeira destas organizações, seja em relação a empresas privadas, seja diretamente ao governo (casos em que sua ação não possui apelo de mercado), trará um conjunto de limitações à atuação emancipatória das ONGs. Assim, longe de garantir a universalização do atendimento educacional, as organizações não-governamentais, na prática, irão oferecer à realidade posta uma ação meramente complementar.

O incremento das ONGs no país aparecerá justificado, como podemos perceber, a partir das mesmas razões, postas em diferentes contextos, as quais sempre nortearam descalabros históricos de nossas políticas sociais e educacionais.

Se a ação de muitas das organizações não-governamentais existentes hoje é bem-vinda, o que verificamos, porém, é que a difusão das ações sociais e educacionais em entidades diversas dispersa também o controle social possível. O eixo da reivindicação popular, retirado de seu prumo, retoma o tom da caridade, denominada agora como "responsabilidade social".

Compreendermos a origem e o propósito dos discursos que cercam a implementação destas políticas parece, por conseguinte, fundamental para perceber em que contexto irá se inserir a atuação do psicólogo e de outros profissionais na área da educação.

Para o psicólogo, à medida que o discurso da Terceira Via ganha institucionalidade, fugir às amarras burocráticas trançadas aparecerá como tarefa maior posta àqueles que intencionam fazer de seu trabalho, seja nas ONGs, nas escolas ou em outros espaços, a construção de uma educação verdadeiramente libertadora.

Considerações finais

Na sociedade de massas, diante da homogeneidade do discurso ideológico, da fetichização da mercadoria, nossa percepção tende a embotar-se a cada dia. As sutilezas, as curvas, as nuanças, caminhos que nos levam por recantos imprevistos pela racionalidade objetiva, através deles podemos enxergar o real, naquilo que é e no que o faz ocultado. O exercício da reflexão, contudo, exige um trabalho contínuo de busca e sensibilização, que nem sempre é simples ou suportável.

Olhar para a realidade significa um necessário compromisso com sua transformação. A fantasia de transformação que nos chega através de modelos prontos dados pela mídia e pelas diversas sociologias apresentadas ideologicamente deve ser desnudada por um olhar que nos torne menos propensos às armadilhas da hegemonia, se pleiteamos de fato uma sociedade mais próxima do que é pertinente ao humano. E nossa responsabilidade cresce à medida que, enquanto cientistas, pretendemos a busca da verdade.

Quando o discurso da Terceira Via envereda-se pelo caminho da individualidade, em detrimento do coletivo, na verdade só ressalta uma das mais perversas características da sociedade capitalista, que nos afasta do que é inerente ao homem enquanto ser social. O mundo da livre flutuação do capital é o mundo da dependência do homem, da reificação. À medida que se deposita sobre a educação a expectativa de desenvolvimento da nação através da iniciativa individual, pelo incremento do capital humano, elege-se como propulsor de desenvolvimento econômico aquilo que é, em verdade, resultado deste direito do cidadão, que vigora ou não em função do modelo político adotado. A educação vinculada ao mercado só se presta à reprodução da informação técnica, mínima necessária, não ao desenvolvimento do homem, por mais que se deseje, expresso pelo discurso, um ser autônomo, repleto em sua capacidade de crítica e discernimento.

O saber não deve ser confundido com a mercadoria, algo com o que se irá preencher o homem. O saber resulta de seu trabalho, e das condições para que esse trabalho se exerça. Como diz BOSI (1983), "a erudição e a tecnologia não tiram, por si só, o homem da barbárie e da opressão. Apenas dão-lhe mais um 'meio de vida', isto é, um meio de defesa e ataque na sociedade da concorrência".

Ao defender a autonomia sem atravessar o terreno da economia e do trabalho, o discurso da Terceira Via caracteriza-se como ideológico, pois acaba ocupando-se do mascaramento, não do desvelar do real. Seria interessante que nos perguntássemos se o discurso da Terceira Via guarda diferenças em relação ao neoliberalismo, como afirma. Iniciativa, aqui, continua, afinal, a ser palavra-chave. HELD, em um dado momento, chega a perguntar-se da real possibilidade de uma divisão igualitária de poder sob um modelo que gera sistematicamente assimetrias de poder (1997, p. 69). Entretanto, prossegue na defesa de uma divisão de poderes em um cenário que se sabe incompatível a esta, de modo que terminamos por apreender das novas idéias um sentimento de desesperança e conformismo. Aceita-se o preceito da incompatibilidade real entre igualdade e liberdade, optando-se pela segunda, assim como o liberalismo sempre fez.

Verificamos que não se pretende, como afirmado pelos teóricos da Terceira Via, a inauguração de um novo sistema político e econômico; mas tão somente, mais uma vez, sua reformulação. A divisão social gerada novamente é apresentada como estrutura inquebrantável, jamais enfrentada em sua raiz. Se essa correção realmente é desejada e possível, cabe ao discurso ideológico fazer-nos acreditar nisso.

Este é o cenário em que o psicólogo, educador e o aluno verão localizadas as suas práticas. Um dos efeitos mais perversos do novo discurso talvez ainda seja o de transferir responsabilidades para este ente difuso, a sociedade, a quem não cabe cobranças localizadas, dado que ela é constituída por indivíduos isolados – cada vez mais isolados. Executa-se um plano que há muito mostrou-se adequado à livre flutuação do capital: de desmobilização popular, agora sociologicamente justificada. Aqui não há distribuição de poderes, apenas sua retirada.

Referências bibliográficas

ARANTES, Paulo Eduardo. Esquerda e direita no espelho das ONGs. *Cadernos ABONG*. ONGs: Identidade e desafios atuais, n. 27, maio, 2000. Campinas: Autores Associados.

BENJAMIN, Walter. *Documentos de cultura, documentos de barbárie*. Escritos escolhidos. Seleção e apresentação de BOLLE, Willi, trad. de C.H.M.R. de Sousa (*et. al.*). São Paulo: Cultrix/EDUSP, 1986.

BOBBIO, Norberto. *Estado, governo, sociedade: para uma teoria geral da política*. 6ª ed. Rio de Janeiro: Paz e Terra, 1987.

BOSI, Alfredo. Cultura Brasileira. *In*: TRIGUEIRO MENDES, D. (org.). *Filosofia da Educação Brasileira*. Rio de Janeiro: Civilização Brasileira, 1983.

BOSI, Ecléa. Entre a opinião e o estereótipo. *Revista Novos Estudos*, n. 6. São Paulo: Cebrap, março, 1992.

CARDOSO, Ruth. Fortalecimento da sociedade civil. *In*: IOSCHPE, E.B. *et. al. Terceiro Setor: desenvolvimento social sustentado*. 2ª ed. Rio de Janeiro: Paz e Terra, 2000.

CHAUI, Marilena. *Cultura e democracia, o discurso competente e outras falas*. 7ª ed. São Paulo: Editora Cortez, 1997.

_____. Fantasias da Terceira Via. *Folha de S.Paulo*. 19-12-1999, caderno *Mais!*, pp. 6-11.

COUTINHO, Carlos Nelson. *Gramsci*. Porto Alegre: L&PM, 1981.

DADICO, Luciana. *Atuação do psicólogo em organizações não-governamentais na área da educação*. São Paulo, 2003. Dissertação (Mestrado). Instituto de Psicologia, Universidade de São Paulo.

GIDDENS, Anthony. A Terceira Via em cinco dimensões. *Folha de S.Paulo*. 21-02-1999, caderno Mais!, pp. 5-6.

_____. Admirável mundo novo: o novo contexto da política. *In*: MILIBAND, D. (org.). *Reinventando a esquerda*. São Paulo: UNESP, 1997.

GRAMSCI, Antonio. Do cap. 3 de Cadernos miscelâneos 1929-1935. *Cadernos do cárcere*. Vol. 3. Edição e tradução COUTINHO, C.N.; co-edição HENRIQUES, L.S. e NOGUEIRA, M.A. Rio de Janeiro: Civilização Brasileira, 2000.

HELD, David. Desigualdades de poder, problemas da democracia. *In*: MILIBAND, D. (org.). *Reinventando a esquerda*. São Paulo: UNESP, 1997.

MATOS, Olgária C.F. Os descaminhos do aprendizado. *Calendário cultural da USP*, setembro de 1997.

PASSETTI, Edson. Crianças carentes e políticas públicas. *In*: PRIORE, M.D. (org.). *História das crianças no Brasil*. 2ª ed. São Paulo: Contexto, 2000.

PATTO, Maria Helena S. *A produção do fracasso escolar, histórias de submissão e rebeldia*. São Paulo: T.A. Queiroz Editor, 1990.

SEVCENKO, Nicolau. *A corrida para o século XXI: no loop da montanha-russa*. São Paulo: Companhia das Letras, 2000.

REFERENCIAIS PARA FORMAÇÃO DE PROFESSORES:
UMA ANÁLISE CRÍTICA SOBRE O DISCURSO DA QUALIDADE E COMPETÊNCIA, DO PONTO DE VISTA DA PSICOLOGIA ESCOLAR

LUIZ ANTÔNIO ALVES[1]

... mas se você achar que eu estou derrotado,
saiba que ainda estão rolando os dados,
porque o tempo não pára.
Dias sim, dias não,
eu vou sobrevivendo, sem um arranhão,
da caridade de quem me detesta.
A tua piscina está cheia de ratos,
tuas idéias não correspondem aos fatos...
O tempo não pára...
Eu vejo o futuro repetir o passado,
eu vejo um museu de grandes novidades...
O tempo não pára, não pára, não...

Cazuza, *O tempo não pára*

---

[1] Mestre em Psicologia Escolar e do Desenvolvimento pela Universidade de São Paulo. Professor do CEFETSP – Centro Federal de Educação Tecnológica e Faculdades Integradas Teresa Martin. *E-mail:* l_alves64@yahoo.com.br.

... minha presença no mundo não é a de quem a ele se adapta, mas a de quem nele se insere. É a posição de quem luta para não ser apenas objeto, mas sujeito também da História. Gosto de ser gente porque mesmo sabendo que as condições materiais, econômicas, sociais e políticas, culturais e ideológicas em que nos achamos geram quase sempre barreiras de difícil superação para o cumprimento de nossa tarefa histórica de mudar o mundo. Sei também que os obstáculos não se eternizam.

Paulo Freire

O poder...

[...] disciplina aumenta as forças do corpo (em termos econômicos de utilidade) e diminui essas mesmas forças (em termos políticos de obediência). Em uma palavra: ela dissocia o poder do corpo; faz dele, por um lado, uma aptidão, uma capacidade que ela procura aumentar; e inverte, por outro lado, a energia, a potência que poderia resultar disso, e faz dela uma relação de sujeição estrita (FOUCAULT, 1987, p. 127).

Michael FOUCAULT, ao analisar, na cultura ocidental, os diferentes modos pelos quais os seres humanos tornam-se sujeitos, acabou por envolver-se com a questão do *poder*. *Poder* que não se detem, mas é caracterizado por colocar em jogo relações entre indivíduos e grupos. Segundo FOUCAULT, o exercício do poder não é simplesmente uma relação entre "parceiros" individuais ou coletivos; é um modo de ação de alguns sobre outros. Uma relação, enfim, que se articula sobre duas condições principais: que "o outro", aquele sobre o qual ela se exerce, seja inteiramente reconhecido e mantido até o fim como sujeito de ação; e que se abra, diante da relação de poder, todo um campo de respostas, reações, efeitos e invenções possíveis.

Isso quer dizer que o poder exercido sobre "o outro", sobre seu corpo, não é, ou não deve ser, unicamente repressivo, algo que imponha limites rígidos, que pune, que diz "não". FOUCAULT (1987) quer demonstrar que a dominação exercida por determinada relação de poder, por exemplo, a capitalista, não conseguiria manter-se caso fosse exclusivamente repressora. Enfim, hoje, a relação de poder exercida na cultura ocidental pela chamada burguesia possui uma positividade[2], uma qualidade de produção de saberes, de práticas, de subjetividade e de *verdade*, uma riqueza de estratégias para manutenção do *status quo*, que faz com que o corpo seja o alvo não mais para o sofrimento e mutilação, como acontecia nos subterrâneos das ditaduras, mas para o aprimoramento e adestramento físico e mental.

Em seu livro *Vigiar e Punir*, FOUCAULT (1987) afirma ser o corpo objeto e alvo de poder. O corpo humano seria submetido a métodos de controle os quais o autor denominou de "disciplinas". A intenção é a formação de uma relação que o torna tanto mais obediente quanto mais útil; é a sujeição constante de suas forças que impõe ao corpo uma relação de docilidade-utilidade. Ao mesmo tempo em que esse corpo entra em uma maquinaria de poder que o desconstrói e reconstrói, reconfigurando-o em um corpo submisso, exercitado e adestrado, a ele é dada a ilusão de liberdade, de livre-arbítrio, de possibilidades de escolha; afinal essa relação de poder é diferente da escravidão, pois não se fundamenta na onerosa e violenta coerção e apropriação dos corpos.

---

[2] Aqui nos remetemos ao Positivismo, sistema criado por Auguste COMTE (1798-1857), e que se propõe a ordenar as ciências experimentais, considerando-as o modelo por excelência do conhecimento humano, em detrimento das especulações metafísicas ou teológicas. O Positivismo teve impulso graças ao desenvolvimento dos problemas econômico-sociais, que dominaram o mesmo século XIX. Sendo grandemente valorizada a atividade econômica, produtora de bens materiais, é natural que se procure uma base filosófica positiva, naturalista, para as ideologias econômico-sociais.

O exercício do poder se define, então, como um modo de ação sobre as ações dos outros, de direcionamento das condutas, da estruturação do campo de ação dos outros, sendo a liberdade (ou sua ilusão...), porém, uma condição da existência desse poder. Ou seja, o poder só se exerce sobre sujeitos que se enxergam como livres, sujeitos individuais ou coletivos que têm diante de si um campo de possibilidades no qual diversas condutas, reações e modos de comportamento podem acontecer[3].

O Estado...

Ao observar que viver em sociedade é, de alguma maneira, viver de modo que seja possível a alguns agirem sobre a ação dos outros, FOUCAULT afirma que as relações de poder foram progressivamente governabilizadas, ou seja, elaboradas, racionalizadas e centralizadas na forma ou sob a tutela das instituições do Estado. Estado que utilizará um conjunto de estratégias para fazer funcionar ou para manter uma relação de poder que beneficie, no caso da cultura ocidental, o Capital, o Mercado[4]. Fazem parte dessas estratégias, por exemplo, os aparelhos jurídicos, as instituições penais, os manicômios, a polícia, o exército, a mídia (jornais, revistas, televisão, internet) e, como não poderia deixar de ser, a Educação.

Uma das estratégias permeia todas as outras: *o discurso*. A relação de poder utilizará o discurso para a produção e troca de signos, para cooptar, para legitimar, para tornar verdade uma determinada

---

[3] O filme *Matrix* (*The Matrix* – Warner, EUA, 1999) traz uma excelente discussão sobre as estratégias de manutenção do poder. Pessoas vivem o cotidiano e se acham livres sem perceber que são mantidas sob controle em um ambiente de realidade virtual, para não se rebelarem contra o poder das máquinas, que passaram a dominar o planeta. O filme reflete muito bem as conseqüências da domesticação da *psique* humana.

[4] Para combater as teses keynesianas, o ideário do Estado de Bem-Estar e, sobretudo, os direitos sociais e os ganhos de produtividade da classe trabalhadora, surge, na década de 1940, o arcabouço teórico e ideológico do neoliberalismo. Seu postulado fundamental é de que as leis de Mercado devem ser soberanas na condução da sociedade.

visão de mundo. O discurso científico[5] é um exemplo de instrumento utilizado para penetrar as instituições e os indivíduos com determinadas concepções revestidas de verdade última, um discurso que se diz competente, ao mesmo tempo que neutro, higiênico e desvinculado das mesmas relações de poder que o produz.

O atual regime capitalista, produtor de um discurso econômico que se sobrepõe a todos os outros e que é estruturante do discurso oficial, utiliza a Ciência e as instituições do Estado para controle do indivíduo e seu corpo. Por meio de Leis, Diretrizes, Normas, Parâmetros e Referenciais, o Estado regula o micro e o macrocosmo da malha social, moldando a sociedade de acordo com o pensamento neoliberal. A escola é uma dessas instituições na qual sua organização espacial, o regulamento meticuloso que rege a vida dos diversos personagens que aí vivem e se encontram, cada um com uma função, um lugar, com diferentes atividades organizadas de forma a assegurar o aprendizado e a aquisição de aptidões ou de tipos de comportamento, obedecem a normas bem-definidas dentro de um conjunto de comunicações reguladas e de uma série de procedimentos que refletem o poder ou tipos de relação de poder permitidos ou desejados pelo Estado. Um exemplo foi a denominada "Progressão Continuada" que está influenciando profundamente a relação de poder entre professores e alunos.

O discurso...

Na década de 1990, em meio aos debates entre o governo e aqueles que trabalham no campo da Educação, ganhou corpo o discurso da qualidade de ensino no Brasil. Por muitos anos criticado devido às altas taxas de evasão e repetência, o país precisava tomar alguma providência para erradicar índices que demonstravam uma realidade educacional de vergonhoso fracasso escolar e ao mesmo tempo satisfazer a comunidade educacional, mantendo-a sob controle.

---

[5] Falamos do discurso científico derivado do Positivismo, que é caracterizado como o portador da verdade científica, sistemática, objetiva, universal e cartesiana.

O caminho encontrado foi o da manipulação das estatísticas educacionais[6] através da implantação dos Ciclos para evitar a repetência do aluno e mantê-lo por mais tempo na escola. Observe-se que a Estatística é, atualmente, um instrumento poderoso do discurso oficial que a utiliza não só nos meios educacionais, para demonstrar situações que nem sempre ou poucas vezes refletem a realidade, mas também nas pesquisas eleitorais, nos cálculos dos índices econômicos, no meio político e em muitas outras instâncias da *sociedade de mercado*.

Produto do discurso oficial sobre a qualidade da educação brasileira, foi promulgada, em 1996, a Lei de Diretrizes e Bases da Educação (Lei nº 9.394/96)[7]. A partir dela surgiram uma série de documentos (Normas, Parâmetros e Referenciais) com a intenção de regular as várias instâncias educacionais, estabelecer formas de financiamento, critérios para formação de professores, entre

---

[6] Algumas pesquisas, como a de FERRARO (1999), analisam e desmistificam essa verdadeira euforia pelas estatísticas. O autor estudou o problema da alfabetização e escolarização de crianças e adolescentes no Brasil, a partir de três categorias analíticas básicas: exclusão *da* escola (não freqüência à escola); exclusão *na* escola (freqüência fortemente defasada –dois anos ou mais); inclusão na escola (incluídos/integrados na escola). Essa questão trazida pelo autor é discutida de forma mais aprofundada, neste livro, no texto da pesquisadora Lygia Souza Viégas.

[7] DEL PRETTE (1999) comenta que as insatisfações da comunidade educacional com a nova LDB têm geralmente se baseado na comparação entre sua forma final e as versões anteriores elaboradas e aperfeiçoadas nas etapas iniciais de tramitação pelos segmentos educacionais organizados, por meio de um sistema participativo de debates com estes segmentos. A essa discussão, AZEVEDO (2000) acrescenta que a LDB/96 faz parte de uma reforma educacional que, além de atribuir os problemas da educação brasileira à ineficiência gerencial, visa transferir a educação da esfera política para a esfera do mercado. Segundo o autor, essa reforma visa desconstituir a escola como espaço público em que a construção do conhecimento produza valores e forme sujeitos históricos conscientes de seus direitos, atores de seus destinos. Ao contrário, o currículo dessa nova escola (que o autor chama de "mercoescola") é visto como uma estratégia para *integrar as novas gerações às demandas do mercado* (p. 195). O objetivo seria, então, apagar do imaginário social a idéia da educação pública como direito social e como conquista democrática associada às lutas no processo social de construção da cidadania. No plano da formação, AZEVEDO é enfático: a LDB/ 96 traz a concepção de treinamento e não a de formação, conforme a visão da pedagogia progressista e abre a capacitação para quem tenha formação superior e esteja interessado em exercer o magistério, praticamente descartando a formação específica do docente. Tal prática, segundo o autor, afina-se com o objetivo das políticas neoliberais de desconstituição das categorias profissionais e desmonte de seus sindicatos.

muitos outros. Mas o principal objetivo é o de manter a atual relação de poder estabelecida pelo regime capitalista no seio da instituição escolar.

Um dos vilões, segundo o discurso oficial, da má qualidade da educação de nossos jovens, o professor e sua formação receberam um capítulo especial na LDB/96 intitulado "Dos Profissionais da Educação". O art. 62, por exemplo, estabelece que o docente que pretende ensinar na educação básica deverá ter nível superior, admitindo-se, porém, como formação mínima, a oferecida nas Escolas Normais de nível médio.

Com o objetivo de estabelecer as concepções oficiais sobre a formação dos professores, a Secretaria de Educação Fundamental do MEC publicou, em 1999, o documento *Referenciais para Formação de Professores*, visando "apoiar as Universidades e Secretarias Estaduais de Educação na desafiadora tarefa de promover transformações efetivas nas práticas institucionais e curriculares da formação de professores".[8]

O documento divide-se em tópicos e enfatiza os seguintes aspectos: *o papel profissional dos professores: tendências atuais; repensando a atuação profissional e a formação de professores; uma proposta de formação profissional de professores; indicações para a organização curricular e de ações de formação de professores; o desenvolvimento profissional permanente e progressão na carreira.*

Esse documento, elaborado na gestão do ex-presidente Fernando Henrique Cardoso (1994/2002), partiu de concepções educacionais contidas nos Parâmetros Curriculares Nacionais e visa, em primeira análise, o desenvolvimento das *competências* e do *profissionalismo* dos professores. Percebe-se que um dos recursos utilizados no documento para sincronizar as concepções oficiais sobre formação de professores com os anseios da comunidade educacional progressista[9] é a repetição maciça da palavra *qualidade*.

---

[8] MEC. *Referenciais para Formação de Professores.* Secretaria de Educação Fundamental, Brasília, 1999, p. 5.

[9] Neste texto entende-se como *progressista* um projeto educacional comprometido com a luta para que um número maior de indivíduos se aproprie do saber científico, filosófico e artístico, de tal maneira que esse saber torne-se uma mediação na construção de uma prática social de luta na superação das relações sociais estabelecidas pelas leis de mercado.

Além das observações de FOUCAULT sobre as relações de poder em nossa sociedade, o argumento de GENTILI e SILVA (1999) de que a utilização proposital do discurso da qualidade na Educação pela ideologia neoliberal teria como objetivo camuflar suas reais intenções de mercantilizar todas as instâncias da vida humana, bem como a afirmação de DUARTE (2000) de que o pensamento neoliberal está se apropriando de teorias do desenvolvimento e aprendizagem com a intenção de manter a hegemonia burguesa no campo educacional, serviram como estímulos fundamentais para o desenvolvimento de uma pesquisa visando a análise do discurso oficial sobre qualidade na educação brasileira, mais especificamente na formação de professores para o ensino fundamental. Teria o discurso oficial sobre qualidade uma orientação *disciplinadora, docilizadora* ou *emancipatória*?

O documento *Referenciais para Formação de Professores* tornou-se, então, objeto ideal para esse estudo, pois verificou-se que a análise de seu conteúdo poderia revelar os reais objetivos do discurso oficial, não só para a formação de professores, mas para a educação brasileira em geral.

Em uma leitura atenta dos RPFP[10] percebe-se que a palavra *competência* também aparece inúmeras vezes, o que é interessante se levarmos em conta que RAMOS (2001) elaborou um estudo que analisa e critica a apropriação da *Pedagogia das Competências* por aqueles que estão incumbidos de implantar a reforma na sociedade brasileira, tanto no âmbito do trabalho quanto da educação. Outra questão fundamental encontrada no documento é a relação que este faz entre deficiências na formação dos docentes e o fracasso escolar no Brasil.

Assim, após a evolução dessas idéias, tornou-se objetivo deste estudo a análise dos *Referenciais para Formação de Professores*, sob a ótica do discurso da qualidade e da competência que vigora no âmbito das reformas educacionais que estão sendo implantadas pelo

---

[10] Vamos utilizar, ao longo do texto, a sigla RPFP para designar o documento *Referenciais para Formação de Professores*.

MEC e suas relações com a questão do fracasso escolar no Brasil. A intenção foi verificar se o documento, voz oficial, faz parte do discurso neoliberal sobre a qualidade na formação de professores, sendo, portanto, comprometido com o capitalismo globalizado, ou se vai ao encontro dos anseios dos educadores progressistas, ou seja, aqueles comprometidos com concepções emancipatórias de educação e de sociedade. Considerou-se, portanto, como elementos fundamentais de análise deste documento oficial os conceitos de *"qualidade"*, *"competência"*, *"fracasso escolar"* e *"neoliberalismo"*, elementos esses que fazem parte da interface Psicologia-Educação.

Rolando os dados...

DEMO (2000) contextualiza a produção dos dados de uma pesquisa dentro de uma dinâmica de *desconstrução e reconstrução do fenômeno estudado*. Neste processo, o questionamento é fundamental. É questionando que primeiramente nos distanciamos do senso comum e de outros saberes particularmente ingênuos. SAVIANI (2000), por sua vez, propõe uma análise crítica da organização escolar por meio do estudo da legislação do ensino, porém, segundo ele, seu método de análise pode servir para qualquer documento. O autor defende a tese segundo a qual "para se compreender o real significado da legislação não basta ater-se à letra da lei; é preciso captar o seu espírito. Não é suficiente analisar o texto, é preciso examinar o contexto" (p. 146).

Devemos buscar entender, assim, o processo de produção do documento para buscarmos os chamados "dados de bastidor" que possibilitam compreender as reais intenções por trás dos objetivos colocados no texto. É um processo que ultrapassa o que está explícito e manifesto (as linhas) para pôr em evidência o que está implícito e oculto (as entrelinhas).

Neste sentido, os RPFP se materializam em um documento cujo texto é uma mediação entre a situação real da condição atual da formação docente e aquela que é proclamada como desejável, refletindo determinadas contradições objetivas que, uma vez captadas, nos permitirão detectar os fatores que estão condicionando a atual reforma na educação brasileira e, mais especificamente, na formação docente.

A partir dessa orientação, quadros analíticos foram elaborados tendo como referência categorias retiradas do próprio documento. Esse processo implica em ler e reler atentamente o texto e, à medida que os trechos relacionados às categorias são encontrados, transportá-los para os quadros correspondentes, num processo de desconstrução que visa o trabalho com a *qualidade formal* do documento, ou seja, sua estrutura. Essa parte revelará o texto e seus objetivos proclamados, situando o documento no plano das possibilidades e das intenções manifestas. Porém, nesse momento, já é possível, na comparação de trechos reunidos sob a mesma categoria, perceber algumas contradições entre eles.

Em um segundo momento, cada categoria foi analisada em relação ao contexto no qual os RPFP foram produzidos. Nesta confrontação entre texto e contexto buscou-se os objetivos reais, ou seja, aqueles aspectos dos objetivos proclamados que definem aquilo que se quer efetivamente mudar e o que se quer preservar. SAVIANI *(op. cit.)* esclarece que os objetivos reais situam-se em um plano no qual se defrontam interesses divergentes e, por vezes, antagônicos. Esses objetivos poderiam "se configurar como concretizações parciais dos objetivos proclamados, mas podem também se opor a eles, o que ocorre com bastante freqüência" (p. 161), principalmente no terreno das políticas sociais e educacionais. Esse momento da análise representa a reconstrução do texto a partir do questionamento do documento quanto à sua *qualidade política*, ou seja, a relação entre o seu conteúdo, a sociedade e a história.

Terminado o processo de retirar várias categorias do texto, oito delas foram escolhidas para guiar a análise e interpretação do documento após sua *reconstrução*. São elas: quanto ao contexto: a reforma educacional brasileira; quanto à visão da realidade educacional: deficiências na formação de professores e sua relação com o fracasso escolar; quanto à natureza e objetivos do documento; quanto ao processo de legitimação do documento na comunidade educacional; quanto à concepção de professor, sua formação e educação; quanto à concepção de qualidade; quanto à concepção de competência e de sua avaliação; quanto à concepção de democracia, cidadania e autonomia.

Após a apresentação das idéias que culminaram na elaboração deste estudo, busca-se, no próximo tópico, demonstrar como a classe burguesa, antes revolucionária, agora dominante e conservadora, utiliza-se de instituições e do aparelho estatal para manter seu discurso de naturalização das relações sociais mediadas pelas leis de mercado. Nesse contexto, questiona-se a submissão do discurso sobre qualidade de vida, saúde e educação, ao discurso econômico.

O divino mercado...

Não há dúvidas de que estamos, atualmente, curvados diante de um processo denominado *globalização*[11], que ocorre com uma velocidade sem precedentes, viabilizado por novas tecnologias microeletrônicas, informacionais e energéticas e com formas de exclusão, também sem precedentes, sustentadas pela ideologia e políticas neoliberais que reafirmam a fé no liberalismo do século XIX. Liberalismo que defende a intervenção mínima do Estado na economia, ou seja, a ele caberia a defesa da propriedade privada e da economia de mercado, e a manutenção de um regime no qual pretende-se que o ser humano tenha liberdade para adquirir riqueza social por meio do trabalho e da competitividade, mantendo-se a harmonia entre o interesse privado e o interesse coletivo. Na verdade, forma-se um contexto onde impera a lei do mais forte, do mais capaz. Em síntese, os

---

[11] SANTOS (1999) indica três características que marcam o avanço do processo de globalização: o deslocamento da produção mundial para a Ásia, consolidando-se esta como uma das grandes regiões do sistema mundial, a primazia total das empresas multinacionais, enquanto agentes do "mercado global" e, por fim, o avanço tecnológico proporcionado pela biotecnologia, a robótica e a automação industrial. Para DUPAS (1998), a globalização se caracteriza pela integração dos mercados financeiros mundiais e pelo crescimento singular do comércio internacional que foi viabilizado pelo movimento de queda generalizada de barreiras protecionistas e pela crescente presença de empresas transnacionais.

liberais do século XIX iniciaram um processo de divinização do Mercado e satanização do Estado (FERRARO, *op. cit.*, p. 25).

Atualmente, para os neoliberais, o Estado deve se limitar à função de: estabilização da economia, realização de reformas estruturais (privatizações, desregulamentação de mercados, liberalização financeira e comercial) e retomada de investimentos estrangeiros para alavancar o desenvolvimento.[12] Esta forma de entender o Estado e a sociedade submete todos os discursos, inclusive o da qualidade na educação, a parâmetros mercadológicos.

SOUSA (1997) observa que, quando se fala em qualidade na educação, os argumentos que têm sido utilizados, particularmente pelos responsáveis pela gestão das políticas educacionais, não são aqueles que se sustentam na luta pela educação, enquanto direito do cidadão e condição para sua participação política e social, mas aqueles que têm enfatizado ser a educação condição para o desenvolvimento econômico para inserção do Brasil no grupo dos países desenvolvidos (p. 264). Segundo a autora, não é por acaso que, na busca por eficiência e produtividade na área educacional, têm surgido propostas e práticas tais como as escolas cooperativas, o vale-educação, as parcerias entre Estado e empresas privadas na gestão do financiamento do ensino e a implantação de sistemas de avaliação do ensino com a clara intenção do controle da qualidade da educação por intermédio da avaliação externa de desempenho escolar.

Eficiência, produtividade, qualidade e diminuição de custos estão em sincronismo com as determinações do Banco Mundial[13], cuja

---

[12] BIONDI (1999) e MATTOSO (1999) fazem uma análise das conseqüências do processo de privatização das estatais e do aumento do desemprego para o futuro da sociedade brasileira.

[13] Os vencedores da 2ª Guerra Mundial, liderados pelos Estados Unidos, colocaram a retomada da globalização econômica como objetivo primordial. As instituições criadas na conferência de Bretton Woods, EUA., ainda em 1944, receberam um claro mandato nesse sentido. Essas instituições foram o Banco Mundial e o FMI. Claramente, suas intenções relacionavam-se a um maior controle ideológico sobre os países do ocidente, visando a manutenção da paz mundial. Na verdade pretendia-se criar um bloco hegemônico contra a ameaça dos países do bloco comunista. O Banco Mundial tem a finalidade de realizar empréstimos direcionados a políticas e a projetos de desenvolvimento. Já o FMI realiza empréstimos de curto prazo, orientados para o equilíbrio da balança de pagamentos ou das contas públicas de um país.

concepção de qualidade educativa para a escola de primeiro grau estaria relacionada a nove fatores como determinantes de um aprendizado efetivo, segundo uma ordem de prioridades estabelecidas por estudos patrocinados pelo próprio Banco: *(1) bibliotecas, (2) tempo de instrução, (3) tarefas de casa, (4) livros didáticos, (5) conhecimentos do professor, (6) experiência do professor, (7) laboratórios, (8) salário do professor, (9) tamanho da classe*[14].

A partir dessa conclusão, o Banco Mundial passou a recomendar aos países em desenvolvimento, com o intuito de racionalizar a alocação de recursos, que desestimulem investimentos nos três últimos fatores: laboratórios, salários dos docentes e tamanho da classe. Visto que tais estudos demonstram que docentes com maior número de anos de estudo e maiores qualificações não necessariamente conseguem melhores rendimentos com seus alunos, o Banco Mundial desaconselha o investimento na formação inicial dos docentes e recomenda priorizar a capacitação em serviço. Isso implica dizer que o Banco Mundial parte da posição de que a formação inicial de boa qualidade dos docentes tem pouco impacto sobre a qualidade da educação e do rendimento escolar.

É nesse contexto que se inscrevem as reformas educacionais, orientadas pelo Banco Mundial, com o objetivo de produzir um ordenamento no campo educacional necessário a: a) adequar as políticas educacionais ao movimento de esvaziamento das políticas de bem- estar social; b) estabelecer prioridades, cortar custos, racionalizar o sistema, enfim, subjugar o campo educativo à lógica do campo econômico; c) subjugar os estudos, diagnósticos e projetos educacionais a essa mesma lógica. Essas reformas são demarcadas por algumas características como:

---

[14] Esses fatores, levantados por Rosa María TORRES, foram transcritos da p. 134 do livro *O Banco Mundial e as Políticas Educacionais*, editado pela Cortez em 1998, mas podem ser consultados no documento "Banco Mundial (1995) – *Priorities and strategies for education: a World Bank sector review* – Washington D.C.".

descentralização, capacitação dos professores em serviço, livros didáticos, guias curriculares, educação a distância, prioridade ao ensino primário, assistencialismo ou privatização para os demais níveis de ensino (WARDE e HADDAD, 1998, p. 11)[15].

No plano educacional, a educação deixa de ser um direito e transforma-se em serviço, em mercadoria, ao mesmo tempo em que

> [...] as novas demandas do processo produtivo geram novas exigências educacionais que pedem por um professor capaz de ajustar sua didática às novas realidades da sociedade, do conhecimento, do aluno, dos meios de comunicação, do mundo do trabalho (LIBÂNEO, 1998, p. 28).

Podemos, então, afirmar que a questão da qualidade encontra-se, hoje, aprisionada dentro do campo ideológico que defende o discurso sobre a Qualidade/Qualidade Total na concepção de economia de mercado do tipo neoliberal, que, frisemos mais uma vez, pretende submeter especialmente a educação, a saúde, o emprego e até a satisfação das necessidades elementares do homem a critérios mercadológicos. Segundo essa lógica, a mercadoria adquire cidadania muito antes que o próprio homem, tendo em vista que o mercado, sabiamente, obedece à lógica da exclusão para os que não têm poder aquisitivo.

O homem multifuncional...

Gaudêncio FRIGOTTO, ao prefaciar o livro de RAMOS (*op. cit.*), desabafa:

> O capital, na avaliação do filósofo Iztvan Mézáros, esgotou sua capacidade civilizatória e agora, para prosseguir, tem que destruir os direitos dos trabalhadores. No plano

---

[15] TORRES (1998, pp. 138-139) tece algumas críticas às reformas implementadas pelo Banco Mundial, sendo que a principal delas é que as propostas para a educação são formuladas por economistas para serem executadas por educadores, confirmando nossa opinião de que, atualmente, o discurso econômico se sobrepõe ao próprio discurso educativo.

ideológico, o ideário que se afirma de todas as formas, mormente mediante as poderosas redes de informação, é o de que estamos iniciando um novo tempo – o tempo da globalização, da modernidade competitiva, de reestruturação produtiva e de reengenharia... A tese mais emblemática e cínica do pensamento neoconservador foi afirmada por Fukuyama como sendo o "fim da história". Vale dizer, o fim de qualquer perspectiva alternativa ao capitalismo.

FRIGOTTO quer demonstrar que começamos a conviver sob o domínio de uma nova ética: *a individualista*. Ética que se manifesta, no campo pedagógico, pelas noções de **competência, competitividade, habilidade, qualidade total, empregabilidade**. O autor nos diz ainda que a implementação da Reforma do Ensino, mediante os parâmetros curriculares e os mecanismos de avaliação (ENEM, SAEB e "Provão"), ao eleger como perspectiva a *pedagogia das competências* para a empregabilidade, assume o ideário particularista, individualista e imediatista do mercado e dos empresários como perspectiva geral do Estado. O autor afirma que "cada indivíduo terá de agora em diante, então, de adquirir um banco ou pacote de competências desejadas pelos homens de negócio no mercado empresarial, permanentemente renováveis, cuja certificação lhe permite empregabilidade" (p. 16).

Com a emergência das profissões modernas, o termo *qualificação* passou a se relacionar ao nível de saber acumulado expresso pelo conjunto de tarefas a serem executadas quando o trabalhador viesse a ocupar determinado posto. Surgiram, assim, as teses da *qualificação e desqualificação do trabalho* e a da *polarização das qualificações*, esta última defendendo que a modernização tecnológica estaria criando, de um lado, uma massa de trabalhadores qualificados e, de outro, uma massa de trabalhadores desqualificados.

Da noção de *qualificação* emerge a concepção de *competência*, devido à pressão exercida pelas mudanças tecnológicas e de organização do trabalho pelas quais passam os países de capitalismo avançado desde meados da década de 1980, reconfigurando o mundo produtivo com algumas características como: *flexibilização da produção e reestruturação das ocupações; integração de setores da produção; multifuncionalidade e polivalência dos trabalhadores*[16]; *valorização dos saberes dos trabalhadores não ligados ao trabalho prescrito ou ao conhecimento formalizado*. Assim, a noção de competência surge, segundo RAMOS, para atender a pelo menos três propósitos:

a) reordenar conceitualmente a compreensão da relação trabalho-educação, desviando o foco dos empregos, das ocupações e das tarefas para o trabalhador em suas implicações subjetivas com o trabalho;

b) institucionalizar novas formas educar/formar os trabalhadores e de gerir o trabalho internamente às organizações e no mercado de trabalho em geral, sob novos códigos profissionais em que figuram as relações contratuais, de carreira e de salário;

c) formular padrões de identificação da capacidade *real* do trabalhador para determinada ocupação, de tal modo que possa haver mobilidade entre as diversas estruturas de emprego em nível nacional e, também, em nível regional (como entre os países da União Européia e do Mercosul).

O estudo de Ramos confirma que, no contexto das reformas no Brasil, a noção de competência é concebida como o conjunto de saberes e capacidades que os profissionais incorporam por meio da formação e da experiência, somados à capacidade de integrá-los, utilizá-los e transferi-los em diferentes situações profissionais. É a base, enfim, de um sistema de competência que relaciona *inteligência prática,*

---

[16] A intenção é equiparar o trabalhador aos equipamentos que acumulam mais de uma função, ou multifuncionais. Como um aparelho telefônico que é fax, fotocopiadora e impressora, o homem também viria com seu "kit" de competências para realizar várias tarefas por um salário equivalente ou, muitas vezes, menor do que praticado anteriormente pela empresa.

responsabilidade, autonomia, cooperação e disposição comunicativa. A preocupação central das políticas que têm este marco conceitual não é tanto o desenvolvimento de sistemas externos às instituições formativas, mas a construção de mecanismos de diálogo que aproximem os sujeitos sociais do mundo produtivo e que permitam a construção de *parâmetros* e *referenciais* (mais do que normas) a partir dos quais pode-se redesenhar e atualizar os processos formativos. Desta forma, parte-se da institucionalidade existente, explorando formas de aproximação com o mundo do trabalho, a fim de atualizar e flexibilizar a oferta de formação profissional inicial com a formação contínua, incorporando novos âmbitos de aprendizagem e novas tecnologias. Certamente, foi deste contexto metodológico de investigação de competência que o documento intitulado *Referenciais para Formação de Professores*, objeto deste estudo, foi concebido.

Plano de combate...

GENTILI (1999) enfatiza que, para combater um discurso que utiliza como critérios de qualidade no campo educacional a adaptabilidade e ajuste ao mercado, a competitividade, a produtividade, a rentabilidade e a mensurabilidade, é preciso que se lute por uma "democratização radical" da educação pública e pela qualidade como sendo um direito das maiorias. Assim, os professores, não só do ensino fundamental, devem ser formados por cursos que possibilitem a eles utilizar espaços de poder e de conflito para "conquistar e impor um novo sentido aos critérios de qualidade empregados no campo educacional por (neo)conservadores e (neo)liberais" (p. 172). Uma formação que possibilite destruir e combater essa nova retórica de qualidade que se expande de forma bastante envolvente, com a força implacável do senso comum dominante.

RIOS (2001) discute, no âmbito de um projeto progressista de educação e formação de docentes, **qualidade** e **competência** na perspectiva da dimensão *estética*, que diz respeito à presença da sensibilidade e da beleza no trabalho educativo, e das dimensões *técnica, política* e *ética*. A autora defende a idéia de que "a ação docente competente, portanto de boa qualidade, é uma ação que faz bem – que, além de ser eficiente, é boa e bonita" (p. 24).

Para RIOS, na perspectiva do discurso progressista, *qualidade* seria, na verdade, um conjunto de qualidades que, associado ao conceito de democracia, seria indicador, na escola, principalmente a pública, de uma sólida base científica, formação crítica de cidadania e solidariedade de classe social. Da mesma forma, o conceito de Competência que seria, na verdade, um conjunto de competências, "abrigaria em seu interior uma pluralidade de propriedades, um conjunto de qualidades de caráter positivo, fundadas no bem comum, na realização dos direitos do coletivo de uma sociedade" (p. 88).

Enfim, um projeto progressista de educação deve estar comprometido com a democracia participativa (em contraposição com a democracia representativa) que visa as condições sociais e institucionais que possibilitem ao conjunto de cidadãos (e não de clientes) a participação ativa na formação do Governo e de suas várias instâncias e, em conseqüência, no controle da vida social.

No fim do túnel...

A constatação de que, com a evolução tecnológica, o mundo do trabalho está passando por uma reestruturação que demanda trabalhadores mais qualificados e flexíveis[17] gerou a necessidade de uma nova organização educacional nos países para possibilitar aos trabalhadores o acesso ao novo tipo de conhecimento e atitudes requeridos. Enfim, seria preciso adaptar os sistemas educacionais à nova

---

[17] É preciso ressaltar que um trabalhador com um nível melhor de educação é, também, um consumidor mais preparado para atender às novas exigências do consumo: ler manuais dos diversos equipamentos, como DVDs, aparelhos de som, decodificadores de tevê a cabo, computadores domésticos, para, muitas vezes, não só entender sua operação, mas montá-los sem a necessidade de técnicos de empresas que venderam os produtos.

relação capital-trabalho determinada pela tecnologia de ponta[18]. Algumas medidas precisariam ser tomadas para iniciar o processo de reformulação desses sistemas.

No caso brasileiro, os altos índices de evasão e repetência, que na verdade representavam o sucesso das (des)políticas de contenção de fluxo das camadas subalternas em direção ao ensino mais graduado e, por conseqüência, a mais conhecimento, precisariam ser combatidos. Era preciso regular o fluxo, ou seja, possibilitar que um número maior de alunos terminasse o ensino fundamental. Foi nesse sentido, o da promoção do sucesso escolar, que, na década de 1980, nasceram projetos como o Ciclo Básico, que, no Brasil, tornaram-se nada mais do que programas de promoção automática que acabam por gerar, nas escolas públicas das periferias urbanas, semi-analfabetos ao final do ensino fundamental. Melhoram-se as estatísticas, a exclusão escolar diminui e os governos ganham ponto.

Melhorar as estatísticas de evasão e repetência não seria suficiente para gerar recursos humanos, isto é, a tecnologia humana de ponta necessária ao novo mundo do trabalho do século XXI. O vácuo deixado pela queda do muro de Berlim precisaria ser preenchido com políticas de longo alcance que fossem capazes de formatar os Estados Nacionais de acordo com o ideário neoliberal do Estado Mínimo, alçar definitivamente o mercado como regulador das relações entre os homens e reformar os sistemas educacionais de modo que pudessem ser gerenciados por parâmetros empresariais de produtividade, eficiência e custo reduzido.

Duas contradições, nesse processo, precisariam ser resolvidas ou ocultadas: a primeira refere-se à reestruturação do Estado com vistas à diminuição do gasto público, inclusive com educação e, ao mesmo tempo, implementar mecanismos de valorização do conhecimento como

---

[18] PATTO (2000), ao comentar sobre um evento divulgado nas principais capitais brasileiras, revela o tipo de trabalhador a ser formado pela "nova" educação: "A propaganda dizia: O autor de *Inteligência Emocional* e *Trabalhando com a Inteligência Emocional* vai mostrar qual é o principal recurso para as empresas no mundo globalizado: Tecnologia Humana de Ponta" (p. 181, grifos meus).

fator central de competitividade, alçando o sistema educacional à altura de tal desafio, ao mesmo tempo em que essa educação se constitui em elemento importante de legitimação da nova ordem. A segunda contradição é intrínseca ao capitalismo e refere-se à necessidade de se educar o trabalhador para que ele possua as qualificações exigidas pelo processo produtivo, impedindo, porém, que esse trabalhador venha a dominar o conhecimento em níveis que dificultem sua exploração.

A análise crítica dos RPFP permitiu concluir que foi no campo delimitado pelo cruzamento do **Construtivismo** como visão de mundo[19], com a **Qualidade Total** como método de gestão administrativa, que foi possível, no plano educacional, ocultar essas contradições. A partir dessa perspectiva, enquanto os Estados eram ajustados a partir de três estratégias articuladas – desregulamentação, descentralização/autonomia e privatização, os sistemas educacionais começaram a ser reformados no sentido de, além de tornar a educação um bem a mais a ser consumido, ajustarem-se às novas demandas do mundo do trabalho.

No Brasil, essa lógica materializou-se em documentos como o organizado por MELLO (1991), com a intenção de acelerar os debates sobre o novo padrão de intervenção na educação pautado, principalmente, na descentralização/autonomia e na redefinição do papel do Estado, não mais como formulador de políticas públicas para a educação, mas como avaliador e coordenador na distribuição de recursos e prestador de assistência técnica.

Os debates ocorridos, marcadamente no início dos anos 1990, sobre a necessidade de buscar inovações para a educação brasileira, numa perspectiva inclusiva e emancipatória para os progressistas, ou na perspectiva dos neoconservadores de adaptação da educação à

---

[19]Neste texto, o **Construtivismo** não é colocado como vilão. A crítica relaciona-se à forma como essa teoria foi apropriada pelos técnicos do Governo do ex-presidente Fernando Henrique Cardoso, embora DUARTE (2000) afirme que há fortes indicadores de que o Construtivismo, muito mais que uma teoria da aprendizagem ou do desenvolvimento cognitivo, seria integrante de uma ampla concepção de mundo, de sociedade, de história e de conhecimento que, no limite, equivaleria ao próprio ideário pós-moderno (p. 84).

expansão do "mercado livre" e à redução da responsabilidade governamental pelas necessidades sociais, culminaram na elaboração e promulgação da LDB/96, que surgiu para implementar definitivamente concepções estatais quanto aos princípios da educação, de seu financiamento e de sua organização.

Na reforma da educação brasileira pretendida pela lei, o professor e sua formação foram alçados como fatores determinantes para se elevar a qualidade, principalmente da educação infantil e fundamental. No entanto, o trecho a seguir, representando uma perfeita simbiose entre o discurso do Banco Mundial e o pensamento dos técnicos do MEC, demonstra claramente a concepção de qualidade pela qual o Governo se orienta, e os rumos que quer dar não só para os cursos de formação de professores, mas para a educação em geral.

> Com muito menos recursos financeiros e esforço técnico adicionais, podem ser instituídos mecanismos de melhoria e controle da qualidade dos resultados de cursos a que atendem centenas de milhares de professores, uma vez que o principal custo já está sendo por eles próprios financiado. Montantes geometricamente maiores de recursos e esforços serão necessários para arcar com os ônus do fracasso escolar, recuperar a qualidade da aprendizagem, acelerar a escolaridade e regularizar o fluxo de milhões de alunos de professores incompetentes ao longo da educação básica. Maiores ainda serão os recursos e o tempo necessários a colocar os salários dos professores em patamares mais competitivos com outras profissões de nível superior (MELLO, 1999, p. 9).

Verifica-se que, além da ênfase na relação *custo/recursos disponíveis*, o discurso atribui à incompetência dos professores o fracasso dos alunos da escola pública básica. Nu e cru, esse discurso precisa ser modificado, temperado, para tornar-se palatável e evitar manifestações indóceis e críticas ferozes pelo que resta de setores críticos da sociedade. Assim, este estudo possibilitou concluir que o documento é estratégico na discussão oficial sobre qualidade na formação de professores e serve sim como um instrumento de domesticação da comunidade educacional progressista, buscando legitimar as concepções do Estado no campo pedagógico, particularmente na questão da formação de educadores para a educação infantil e fundamental.

Questionado quanto ao **contexto** em que ocorre a reforma educacional brasileira, o documento, adequando-se ao discurso progressista, tece comentários sobre o atual momento em que predominam os interesses do mercado e do capital sobre os interesses humanos, tendo como conseqüência a constituição de sentimentos nada construtivos, como o individualismo, a intolerância, a violência. Coloca as greves da classe docente e as iniciativas estatais no mesmo plano da luta pela melhoria das condições concretas dos professores, sem entrar no mérito de que a desprofissionalização histórica dos professores foi causada, em grande parte, pelas políticas estatais. Coloca-se a favor do processo de descentralização da política educacional alegando que a estruturação dos sistemas municipais de ensino possibilita uma maior proximidade da escola com a comunidade. Em tom de "*marketing* político", o documento apresenta as iniciativas como o FUNDEF, os PCN's, a TV Escola, a criação de um sistema nacional de avaliação de cursos, entre outras, como colaboração governamental a uma educação de melhor qualidade. Detectou-se a intenção de se isentar a esfera federal dos debates em relação à educação e na questão da formação do professor.

Em relação aos seus **objetivos**, o documento confirma sua vocação menos técnica e mais política ao se colocar como recomendação, como apoio, como subsídio para a tomada de decisões políticas com a intenção de causar transformações no atual modelo de formação de docentes para a educação infantil e fundamental. No entanto, o fato do documento admitir que houve uma versão preliminar colocada à comunidade educacional para discussão posterior, pode significar a intenção, não de se chegar a um consenso com os educadores sobre o modelo a ser adotado para a formação de professores, mas de impor um modelo pensado em alguma sala do MEC, em Brasília, a partir de determinações de agências financiadoras, como o Banco

Mundial. Seus objetivos não só estariam relacionados à discussão das concepções veiculadas pelo documento, mas da legitimação das mesmas perante a comunidade educacional. Legitimado pelo que se chamou neste trabalho de cooptação intelectual, outros documentos poderiam ser gerados sobre formação de professores sem que sua base teórica seja criticada. A mensagem implícita é a de que os educadores podem até aprimorá-lo, no entanto, devem *adaptar-se* a esse modelo.

O documento faz algumas constatações sobre as **deficiências na formação de professores e sua relação com o fracasso escolar**. Apesar de pretender uma análise crítica da situação educacional brasileira, os *Referenciais* afirmam o que procuram negar – que os maiores problemas no campo educacional são: *a condição social do professor, a sua formação* e *a estrutura escolar à qual ele pertence*. Em nenhum momento são discutidos os determinantes políticos e ideológicos que construíram e constroem esse fracasso.

Visto que, segundo o MEC, o fracasso escolar é, em grande parte, devido à incompetência de professores mal formados, propõe-se a *construção* de um novo professor: o profissional prático-reflexivo competente, formado em nível superior e preparado para a prática pedagógica baseada na noção de competência. A análise possibilitou concluir que a base teórica que sustenta as concepções sobre esse novo professor está referenciada nos estudos de Donald SCHÖN, sobre o profissional prático-reflexivo, e Phillipe PERRENOUD sobre a noção de competência profissional.

O novo modelo seria responsável pela formação de um profissional responsável, cooperativo, *capaz* de refletir sobre sua prática, *capaz* de "aprender a aprender" e resolver problemas, *capaz* de ser autônomo no sentido de tomar decisões diante do imprevisível, do imponderável. Enfim, verdadeiro *agente de transformação da escola básica*, bem adaptado, *capaz* de responder satisfatoriamente às rápidas mudanças do mundo atual e *capaz* de desenvolver essas mesmas competências em seus alunos. Tudo sob o olhar atento da LDB/96 e em perfeita harmonia com a heterogeneidade característica da realidade brasileira.

O documento silencia quando confrontado com uma perspectiva de formação crítico-reflexiva que, no entender de Antônio NÓVOA, dotaria os professores de uma verdadeira formação intelectual capaz de uma prática educacional emancipatória, ou, como nos diz Terezinha RIOS, capaz de contribuir para que as pessoas atuem criativamente no contexto social de que fazem parte, exerçam seus direitos e, nessa medida, sejam, de verdade, pessoas felizes.

Provavelmente, o conflito entre *objetivo proclamado* de valorização do professor e de sua formação e o *objetivo real* de adaptar esse professor às concepções oficiais de educação vinculadas ao capitalismo, faz com que o documento tenha dificuldade em trabalhar com os conceitos de *democracia* e *cidadania*, conceitos incompatíveis com uma sociedade regida pelo mercado. Talvez, GENTILI (1999) tenha razão ao afirmar que:

> [...] democratizar a educação deixou de ser o eixo que devia nortear as políticas públicas do setor para constituir um tema ausente, esquecido ou – se pretendermos ser mais precisos – silenciado, no cenário político latino-americano (p. 121).

Ainda, segundo o autor,

> [...] o abandono dos discursos sobre a democratização da educação e, conseqüentemente, a lógica produtivo-eficientista que foram assumindo os discursos sobre qualidade nesse campo não se reduzem a um simples mecanismo de substituição simbólico-discursivo [...] é a necessidade de impor uma lógica de subordinação mercantil na educação pública que explica semelhante armadilha discursiva (p. 159).

Muito provavelmente, o documento, se for realmente cúmplice desse processo de silenciamento do discurso sobre democratização da educação, preferiu não se aprofundar nessa discussão.

A noção de **autonomia** é muito mais trabalhada pelo documento, visto que, apresentada como o espaço da liberdade com responsabilidade, encontra-se estritamente vinculada à noção de competência, no sentido de capacidade para escolher caminhos e tomar decisões perante as urgências da vida educacional. Destituída de seu sentido político e democrático, a autonomia ganha *status* de elemento fundamental para a definição da nova identidade do professor: um profissional adaptado e capacitado a dar sentido a um mundo em constate mutação.

Um novo modelo de formação, com o objetivo de tornar os professores capazes de materializar em sala de aula as práticas da pedagogia das competências, viria, segundo o documento, a colaborar para o ensino de qualidade *que todos nós desejamos*. Por trás da linguagem aparentemente progressista, foi identificada, no documento, uma articulação entre a noção de qualidade e as concepções econômicas para a educação como *custo, produtividade, eficiência, recursos humanos, flexibilidade...* O que leva a crer que essa qualidade, constituindo-se de atributos mercadológicos, transforma-se em critérios de qualidade que possibilitam a implantação de instrumentos avaliativos no meio educacional e, particularmente, nos cursos de formação de professores. A qualidade, no documento, em momento algum se definiu como atributo de uma educação como direito inalienável, cidadã, emancipatória, includente, sem nenhum tipo de restrição de caráter mercantil.

O avanço tecnológico que atingiu várias dimensões da vida humana, principalmente aquelas passíveis de informatização e automação trouxe, também, modificações profundas na organização do trabalho e da produção. A metodologia de gestão administrativa baseada na lógica da qualidade total associada à concepção de competência profissional marcou a passagem de um ensino centrado em saberes disciplinares a um ensino definido pela produção de competências verificáveis em situações e tarefas contextualizadas.

As noções presentes no documento demonstram que a assimilação e adaptação da noção de competência pelo sistema educacional brasileiro aconteceram no marco teórico do Construtivismo que, com noções como autonomia, racionalidade, participação, responsabilidade, "aprender a aprender", compatibilizou-se com o tipo de sujeito requisitado pelo discurso neoliberal e pelo processo de reestruturação da produção. Nesse contexto, a valorização das dimensões psicológicas e práticas em detrimento das dimensões sociológicas e teórico-críticas tem o objetivo de configurar uma profissionalidade do tipo liberal, baseada no princípio da adaptabilidade individual do sujeito às mudanças socioeconômicas do capitalismo.

Enfim, para além do âmbito da formação de professores, este estudo sobre as concepções presentes no documento *Referenciais para Formação de Professores*, possibilitou chegar às seguintes considerações:

a) **A concepção de qualidade** utilizada pelo discurso oficial sobre educação responde aos seguintes critérios do mundo empresarial: *adaptabilidade e ajuste ao mercado, competitividade, produtividade, rentabilidade* e *mensurabilidade*. A educação de qualidade pretendida pelo documento restringe-se à formação de recursos humanos qualificados ao novo mundo do trabalho, de pessoas com condições mínimas de se adaptarem a um mundo em que postos de trabalho estão rapidamente sendo extintos e de consumidores minimamente preparados para consumirem serviços e produtos de alta tecnologia.

b) **A concepção de competência** estrutura-se a partir da teoria construtivista, a qual associam-se duas idéias: aquilo que o indivíduo aprende por si mesmo é superior, em termos educativos e sociais, em relação ao que ele aprende por meio da transmissão por outras pessoas; o método de construção do conhecimento é mais importante do que o conhecimento produzido socialmente. Assim, como conseqüência, poderia haver, na realidade, contrariando os objetivos proclamados pelo MEC, uma desvalorização do professor enquanto profissional do saber, uma valorização de sua capacidade em trabalhar com a burocracia educacional, e uma valorização do livro didático enquanto suporte para a aprendizagem. Por outro lado, devemos considerar que **o fracasso escolar** pode aprofundar-se nas escolas, visto a crescente valorização das capacidades individuais dos alunos associada à estrutural crise social brasileira.

c) **A avaliação** periódica dessas competências traz o aspecto positivo de induzir os professores à atualização constante, seja dos conhecimentos pedagógicos, seja das competências, no entanto, para efeitos de contratação, pode gerar intensa competição, levando a classe docente aos limites da desagregação.

d) **Elementos do discurso progressista** estão presentes no documento somente enquanto retórica, fruto de cooptação da linguagem de setores críticos da comunidade educacional, com vistas ao aprimoramento e legitimação do discurso oficial.

Sobrevivendo sem um arranhão da caridade de quem nos detesta...

Conclui-se, finalmente, que o documento é representante de uma reforma educacional atualmente em marcha no Brasil que não tem nada de inovadora, mas representa uma renovação e ampliação do horizonte capitalista sobre o mundo globalizado. Cabe ressaltar que o aspecto positivo do documento está em seu propósito, isto é, o de materializar as concepções oficiais em relação à formação de professores, servindo de referência para que os educadores progressistas criem estratégias políticas de combate a essas concepções, ou para utilizá-las fora do contexto capitalista.

Hoje estamos quase no final do governo de Luís Inácio Lula da Silva e do PT, Partido dos Trabalhadores. Sua eleição foi cercada da mais alta expectativa de que houvesse uma reversão no quadro de exploração da sociedade brasileira pelos países do primeiro mundo.

Além disso, esperava-se mais investimentos na área social e educacional. No entanto, verifica-se que o PT, pelo menos até agora, está seguindo a cartilha neoliberal imposta pelo FMI e Banco Mundial, aprofundando, inclusive, algumas medidas antipopulares iniciadas no governo do ex-presidente Fernando Henrique Cardoso, como a flexibilização da CLT (Consolidação das Leis Trabalhistas), o aumento do recolhimento de impostos e a manutenção de altas taxas de juros para controle da inflação. O extremo cuidado com a macroeconomia, ou seja, manutenção de superávits para pagamento da dívida externa e, por outro lado, as dificuldades para investimentos na estrutura interna do país como saúde, educação, segurança, malha rodoviária, entre muitas outras, são fatores que nos possibilitam concluir que dificilmente o PT mudará o curso de uma sociedade regida por uma perversa economia de mercado.

Assim, nossa análise aponta para a urgente necessidade de educadores, políticos e instituições comprometidos com uma educação democrática e inclusiva construírem novos espaços de resistência contra-hegemônica para enfrentar, em nível político, essa nova forma de subserviência da educação brasileira aos parâmetros demarcados pelo mercado. Caso contrário, estaremos sempre dominados, acomodados, "sobrevivendo sem um arranhão da caridade de quem nos detesta...".

Referências bibliográficas

AZEVEDO, José Clóvis de. A escola cidadã, mercoescola e a reconversão cultural. *In*: FERREIRA, M. O. V. e GUGLIANO, A. A. (orgs.). *Fragmentos da globalização na educação: uma perspectiva comparada*. Porto Alegre: Artmed, 2000.

BANCO MUNDIAL. *Prioridades y estrategias para la educación*. Washington, D. C., World Bank.

BIONDI, Aloysio. *O Brasil privatizado*. São Paulo: Fundação Perseu Abramo, 1999.

DEL PRETTE, Zilda A. P. *Psicologia, educação e LDB: novos desafios para velhas questões?* In: GUZZO, R. S. Lobo (org.). *Psicologia escolar: LDB e educação hoje.* Campinas: Alínea, 1999.

DEMO, Pedro. *Desafios modernos da Educação.* Petrópolis: Vozes, 1999.

_____. *Metodologia do conhecimento científico.* São Paulo: Atlas, 2000.

DUARTE, Newton. *Vigotski e o "aprender a aprender": crítica às apropriações neoliberais e pós-modernas da teoria vigotskiana.* Campinas: Autores Associados, 2000.

DUPAS, Gilberto. *A lógica da economia global e a exclusão social.* Estudo Avançados, 12 (34): 121-159, 1998.

FERRARO, Alceu R. Diagnóstico da escolarização no Brasil. *Revista Brasileira de Educação,* nº 12, 1999.

FOUCAULT, Michael. *Vigiar e Punir: nascimento da prisão.* Tradução de VASSALLO, Lígia M. Ponde. Petrópolis: Vozes, 1987, p. 127.

FREIRE, Paulo. *Pedagogia da autonomia: saberes necessários à prática educativa.* Rio de Janeiro: Paz e Terra, 1997 (Coleção Leitura).

GENTILI, Pablo A. A. O discurso da "qualidade" como nova retórica conservadora no campo educacional. *In*: GENTILI, P. A. A. e SILVA, T. T. da (orgs.). *Neoliberalismo, qualidade total e educação: visões críticas.* Petrópolis: Vozes, 1999.

LIBÂNEO, José Carlos. *Adeus professor, adeus professora? Novas exigências educacionais e profissão docente.* São Paulo: Editora Cortez, 1998.

MATTOSO, Jorge. *O Brasil desempregado – como foram destruídos mais de 3 milhões de empregos nos anos 90.* São Paulo: Fundação Perseu Abramo, 1999.

MEC. *Referenciais para Formação de Professores.* Brasília: Secretaria de Educação Fundamental, 1999.

MELLO, Guiomar Namo de. *Políticas públicas de educação*. São Paulo: Instituto de Estudos Avançados – USP, dezembro de 1991 (Série Educação para cidadania – Coleção Documentos).

_____ *Formação inicial de professores para a educação básica: uma (re)visão radial* (documento preliminar para discussão interna) – MEC, Brasília, 1999.

NÓVOA, Antonio. Formação de professores e profissão docente. *In*: NÓVOA, Antonio (coord.), *Os professores e sua formação*. Lisboa: Dom Quixote, 1992.

PATTO, Maria Helena Souza. *Mutações do Cativeiro: escritos de psicologia e política*. São Paulo: Hacker Editores/Edusp, 2000.

RAMOS, Marise Nogueira. *A pedagogia das competências: autonomia ou adaptação*? São Paulo: Editora Cortez, 2001.

RIOS, Terezinha Azeredo. *Compreender e ensinar: por uma docência da melhor qualidade*. São Paulo: Editora Cortez, 2001.

SANTOS, Boaventura de Souza. *Pelas mãos de Alice: o social e o político na pós-modernidade*. São Paulo: Editora Cortez, 1999.

SAVIANI, Demerval. Análise crítica da organização escolar brasileira através das Leis nº 5.540/68 e 5.692/71. *In*: SAVIANI, Demerval. *Educação: do senso comum à consciência filosófica*. Campinas: Autores Associados, 2000 (Coleção educação contemporânea).

SOUSA, Sandra Maria Zákia Lian. Avaliação enquanto instrumento de gestão educacional. *In*: OLIVEIRA, D. *Gestão democrática da educação: desafios contemporâneos*. Petrópolis: Vozes, 1997.

TORRES, Rosa Maria. Melhorar a qualidade da educação básica? As estratégias do Banco Mundial. *In*: TOMMASI, L. De; WARDE, M. J. e HADDAD, S. (orgs.). *O Banco Mundial e as políticas públicas*. São Paulo: Editora Cortez, 1998.

WARDE, Mirian Jorge e HADDAD, Sérgio. Apresentação. *In*: TOMMASI, L. De; WARDE, M. J. e HADDAD, S. (orgs.). *O Banco Mundial e as políticas públicas*. São Paulo: Editora Cortez, 1998.

Sobre o Projeto Político-Pedagógico:
(im)possibilidades de construção[1]

FLÁVIA DA SILVA FERREIRA ASBAHR[2]

O objetivo desse capítulo é apresentar algumas reflexões sobre as possibilidades e impossibilidades de construção do projeto político-pedagógico pela escola pública. Este trabalho, inspirado no estudo de caso do tipo etnográfico, centralizou-se na observação do cotidiano escolar de uma escola pública municipal de ensino fundamental, da cidade de São Paulo, que almejava construir seu projeto político-pedagógico e articulá-lo com as ações pedagógicas desenvolvidas. A pesquisa que dá origem a esse capítulo ocorreu em 2003, durante a gestão do Partido dos Trabalhadores (prefeita Marta Suplicy - 2001/2004).

O termo "projeto político-pedagógico" vem sendo amplamente utilizado nas discussões educacionais, tanto no âmbito da prática pedagógica, como no das proposições teóricas e políticas acerca da educação. A partir da década de 1990, podemos observar a multiplicação de textos teóricos e pesquisas sobre o tema projeto político-pedagógico de autores não só brasileiros, mas também portugueses e franceses (ARAÚJO, 2003; CARRER, 1999). Vemos, também, a proliferação de nomes e siglas usados para nomear o recurso do projeto no campo

---

[1] Este trabalho contou com auxílio financeiro de FAPESP.
[2] Psicóloga, mestre em Psicologia pelo IPUSP, membro do LIEPPE-IPUSP (Laboratório Interinstitucional de Estudos e Pesquisas em Psicologia Escolar) e do GEPAPE-FEUSP (Grupo de Estudos e Pesquisas sobre a Atividade Pedagógica). *email*: flaviasfa@yahoo.com.br

educacional: proposta pedagógica, projeto político-pedagógico, projeto educacional. Neste trabalho, optamos pela nomenclatura projeto político-pedagógico, pois acreditamos e queremos enfatizar que todo projeto contém, de forma consciente ou não, um posicionamento político, um compromisso com algo, um direcionamento ideológico (GADOTTI, 1998; VASCONCELLOS, 1999; entre outros). Além disso, essa é a nomenclatura utilizada pela Rede Municipal de Ensino do município de São Paulo, da qual faz parte a escola pesquisada.

Nas discussões acerca do projeto político-pedagógico, tal termo freqüentemente aparece como sendo a possibilidade de redenção da escola pública e de resolução de seus graves problemas, correndo, dessa forma, o sério risco de transformar-se em mais um modismo educacional[3] que não dá conta da complexidade da realidade escolar, pois ao ser compreendido como algo natural, sua discussão esvazia-se. Além disso, nessas proposições acerca do projeto, não raro delega-se à escola a tarefa de cuidar de problemas que são da esfera dos sistemas públicos de educação, como por exemplo a captação de recursos, em nome de uma pretensa autonomia escolar[4].

Para que possamos evitar esses riscos faz-se necessário, num primeiro momento, explicitar o que estamos entendendo como projeto político-pedagógico (p.p.p.) e qual sua relação com o dia-a-dia escolar e suas práticas. Para tanto, apresentaremos uma breve síntese da literatura educacional brasileira sobre o tema.

Num segundo momento, apresentaremos uma síntese das proposições da gestão educacional municipal (Gestão Partido dos Trabalhadores – 2001/2004) presente nos documentos da Secretaria Municipal de Educação entregues à escola.

Apontaremos, depois, algumas contribuições da psicologia histórico-cultural, mais especificamente da teoria da atividade

---

[3] Uma teoria ou discurso educacional torna-se modismo quando passa a ter uma adesão irrefletida, uma compreensão simplificada, o que faz sua discussão ficar esvaziada.

[4] O tema autonomia da escola é polêmico e sua discussão fugiria aos limites desse trabalho. Para aprofundar ver: PARO, Vitor Henrique. Autonomia escolar: propostas, práticas e limites. In.: *Escritos sobre educação*. São Paulo: Ed. Xamã, 2001.

(LEONTIEV, DAVIDOV e outros), à análise acerca do projeto político-pedagógico entendido como atividade do corpo docente da escola.

Por último, apresentaremos elementos da análise dos dados de pesquisa, apontando as (im)possibilidades de construção de um projeto político-pedagógico e a produção da fragmentação da atividade pedagógica engendradas nas próprias condições objetivas de trabalho.

Sobre o projeto político-pedagógico da escola pública

A Lei de Diretrizes e Bases da Educação Nacional (LDB), lei nº 9394/96, prescreve, no artigo 12 (inciso I) que os estabelecimentos de ensino deverão elaborar e executar sua proposta pedagógica, respeitando as normas comuns do sistema de ensino. A LDB, nos artigos 13 (inciso I) e 14 (incisos I e II), prevê, também, que a elaboração desta proposta deve ser construída coletivamente pelos docentes, outros profissionais da educação, comunidades escolar e local. Ainda segundo essa lei (artigo 13, inciso II), os docentes têm a incumbência de elaborar e cumprir um plano de trabalho segundo a proposta pedagógica da unidade de ensino.

Os dois Planos Nacionais de Educação, plano aprovado (PNE do MEC)[5] e plano conhecido como "Proposta da Sociedade Brasileira"[6] também afirmam o projeto político pedagógico como possibilidade de

---

[5] Lei nº 10.172, de 09 de janeiro de 2001.

[6] Também conhecido como Proposta da Sociedade Civil. Este plano foi fruto das discussões ocorridas nos I e II Congressos Nacionais da Educação (CONEDs), em Belo Horizonte, respectivamente em 1996 e 1997. Desde o processo Constituinte, a sociedade civil, em especial por meio do *Fórum Nacional em Defesa da Escola Pública*, que congrega diversas entidades e segmentos voltados à luta por uma educação pública de qualidade, mobilizou-se por uma proposta nacional para a educação brasileira, proposta essa que tem como princípios a luta por uma educação pública, gratuita, laica, democrática e de qualidade para todos. Em 1998, o deputado Ivan Valente apresentou ao Plenário da Câmara dos Deputados o referido projeto. No dia seguinte, o governo apresentou sua proposta e esta foi aprovada (Lei nº10.172) em janeiro de 2001. Temos, então, uma situação inusitada: um PNE aprovado, mas que não representa os ideais da sociedade civil e das entidades dos profissionais da educação e estudantes, afirmados nos CONEDs, e um PNE construído por meio do debate público ocorrido nos CONEDs, mas que não tem força de lei.

organização escolar voltada ao interesse público e como expressão dos ideais democráticos de gestão escolar, na medida em que deve ser construído de forma coletiva[7].

Mesmo antes da promulgação da LDB de 1996, quando ainda não havia referências em textos legais regulamentando a existência do projeto político-pedagógico e da autonomia escolar, a idéia do projeto como um articulador do trabalho educativo da escola e a discussão sobre a autonomia escolar rondavam a literatura educacional brasileira (CARRER, 1990).

A grande quantidade de textos e discussões sobre o p.p.p. e sua proposição na forma de lei não significa que o papel do projeto tenha sido devidamente compreendido e incorporado no cotidiano escolar. Ao contrário, muitas vezes essas propostas são entendidas como empecilho burocrático, um documento a ser entregue, mas que não se relaciona com a prática escolar. SILVA (2001) nos alerta que a imposição legal de elaboração do projeto nos faz correr o risco de transformá-lo em formalidade burocrática.

Mesmo correndo esse risco, entendemos que a formulação coletiva de um projeto traz inúmeras possibilidades de ações efetivas dentro da escola voltadas para a resolução das dificuldades encontradas no dia-a-dia escolar. É sobre o p.p.p. voltado para a realidade escolar que estaremos nos referindo. A construção do p.p.p da escola não é um trabalho fácil ou imediato e poderíamos discorrer sobre as inúmeras dificuldades para sua elaboração[8]. Em vez disso, optamos por apontar suas possibilidades enquanto instrumento de organização da prática pedagógica.

---

[7] Não cabe aos limites desse trabalho analisar as diferenças entre os dois PNEs. Por ora, o que essencialmente difere os dois planos em suas prerrogativas acerca da proposta pedagógica da escola é a ênfase que o PNE da Sociedade Brasileira dá às formas democráticas de participação na gestão escolar, acentuando o Conselho Escolar como instância superior da escola e propondo a autonomia para a elaboração do projeto pedagógico, este entendido como instrumento de aperfeiçoamento da gestão democrática. Tal ênfase não é encontrada no PNE do MEC.

[8] VASCONCELLOS (1999) enumera essas dificuldades.

Segundo GADOTTI (1998), "projetar significa 'lançar-se para frente', antever um futuro diferente do presente. Projeto pressupõe uma ação intencionada com um sentido definido, explícito, sobre o que se quer inovar" (p.19).

Dessa forma, o projeto político-pedagógico deve nortear as finalidades, os objetivos e os compromissos da prática educativa, sendo o elemento estruturante da identidade da instituição. Requer, portanto, um amplo trabalho de construção coletiva que exige domínio técnico-pedagógico, clareza quanto ao compromisso ético-profissional de educar e quanto às finalidades da educação. É o plano global da escola (VASCONCELLOS, 1999): "É um instrumento teórico-metodológico para a intervenção e mudança da realidade. É um elemento de organização e integração da atividade prática da instituição neste processo de transformação" (p. 169).

VEIGA (1995) nos aponta o p.p.p. como a própria organização do trabalho pedagógico da escola como um todo, já que este deverá pautar-se na coletividade e na busca de objetivos comuns a todos os educadores da escola.

Sobre o trabalho coletivo, este é imprescindível para a execução de um projeto pedagógico. Não é possível que professores e demais segmentos componentes da unidade escolar possam congregar objetivos e metas se não há reflexão e discussão acerca das decisões a serem tomadas na escola, o que não significa uniformidade de pensamento e ação.

Há uma produção teórica bastante ampla em torno do assunto e inúmeras definições do que seja um projeto político-pedagógico, mas não é objetivo desse trabalho fazer uma revisão bibliográfica sobre o tema. Interessa-nos compreender o projeto enquanto possibilidade de transformação da realidade escolar na medida em que possibilita a discussão acerca dos problemas escolares e direciona as finalidades e ações educativas em diversos âmbitos, como currículo, avaliação, práticas pedagógicas, entre outros.

Gestão educacional do município de São Paulo e projeto político-pedagógico

A necessidade das unidades escolares construírem seu projeto político-pedagógico aparece na grande maioria dos documentos educacionais[9] da gestão do Partido dos Trabalhadores (prefeita Marta Suplicy – 2001/2004).

No ano em que foi realizada nossa pesquisa, 2003, na primeira semana de trabalho, após as férias de janeiro, período destinado às reuniões pedagógicas para planejamento do ano, os professores receberam um documento intitulado "O Projeto Político-Pedagógico e o Movimento de Reorientação Curricular". Nesse caderno, que foi lido coletivamente pelo corpo docente da escola, a Secretaria Municipal de Educação (SME) propunha que os primeiros dias do ano letivo fossem usados para as unidades escolares retomarem seu projeto político-pedagógico e a reflexão suscitada nos dois anos anteriores da gestão, buscando articulá-la com a prática educativa. Propunha, também, que a construção do projeto fosse "a expressão concreta do Currículo em Movimento em nossa Rede" (p. 3), já que uma das principais propostas dessa gestão era a reorientação curricular.

Segundo esse documento, foi a primeira gestão do Partido dos Trabalhadores (prefeita Luiza Erundina - 1989/1992), movida pelo processo de abertura política e promulgação da Constituição de 1988, que iniciou, em âmbito municipal, a discussão sistemática sobre a construção da autonomia escolar e a importância da participação popular nas decisões escolares. Essa gestão iniciou a reformulação curricular da Rede Municipal de Educação (RME). Para tanto, propôs grupos de formação de professores e educadores centrados na própria escola, instituiu o horário pedagógico coletivo, produziu o

---

[9] Essa gestão distribuiu periodicamente ao corpo docente revistas intituladas *Educ Ação* apresentando suas principais propostas educacionais. Foram publicados cinco números da revista *Educ Ação*, mais as revistas temáticas, uma delas sobre o projeto político-pedagógico e o movimento de reorientação curricular (ver bibliografia). Nossa análise baseia-se nessas publicações.

Regimento Comum das escolas municipais em 1992 e propôs o Conselho Escolar como órgão deliberativo que elabora, aprova e acompanha o plano escolar.

As duas gestões posteriores à Luiza Erundina, comandadas pelo Partido Progressista Brasileiro (prefeitos Paulo Maluf e Celso Pitta - 1993/1996 e 1997/2000), segundo o caderno da SME em foco, significaram um retorno ao tecnicismo educacional, baseando-se nos princípios da administração empresarial e da qualidade total:

> Com a diminuição da responsabilidade do Estado sobre as questões sociais, a educação municipal foi perdendo seus contornos e significados como construção conjunta na trama do sistema. Essa descentralização, que fragmentou o sistema em unidades isoladas, colaborou com o movimento que pretendia a privatização da Rede, acabando por interpretar as questões sociais como questões privadas. Esse processo fortaleceu as ações isoladas, fragmentadas e individuais, enfraquecendo a implementação dos horários coletivos conquistados na gestão anterior (1989-1992) (SME, 2003, pp. 5-6).

A promulgação da LDB, em 1996, exigiu que o projeto pedagógico fosse colocado na pauta da gestão municipal de educação e, em 1997, o Conselho Municipal de Educação conceituou o projeto da seguinte forma:

> O projeto pedagógico, como elemento norteador de toda ação educativa da escola, deve ser definido a partir das características da realidade local e tendo em vista as necessidades e expectativas da comunidade à qual a escola presta serviços. Por isso, a elaboração do projeto pedagógico é um trabalho coletivo que deve contar com a participação de toda a comunidade escolar, isto é, professores, equipe técnica, equipe administrativa de apoio, alunos, pais e comunidade local (CME nº 04/97, artigo 1º, III).

A gestão municipal em vigência no momento de nossa pesquisa, buscando recuperar as propostas iniciadas no governo de Luiza Erundina, enfatizou a construção do projeto pedagógico como instrumento de autonomia da escola e articulação dos vários segmentos escolares (pais, alunos, professores, equipes técnicas, administrativas, de apoio). O projeto seria um importante norteador da identidade e das práticas educativas das unidades escolares. Embora cada escola devesse construir seu próprio projeto, a SME elencou três diretrizes centrais para conduzir a política educacional pública da cidade e dirigir a elaboração dos projetos: democratização da gestão; democratização do acesso e da permanência; qualidade social da educação.

Para que essas diretrizes pudessem ser alcançadas, a SME propôs que as unidades escolares investigassem as necessidades e a identidade da comunidade atendida. Enfatizou, também, a importância da participação da comunidade escolar e da população local na construção do p.p.p. e, dessa forma, apostou numa "Escola Pública Popular" (SME, 2001):

> Dito de outra maneira: trata-se de desvelar a identidade de nossos alunos em seus aspectos cultural, cognitivo, étnico, físico e de gênero, familiar e social. Para isso, a investigação deverá ser o primeiro e mais importante passo do planejamento para aprimorar o Projeto Político-Pedagógico e qualificar o Plano de Trabalho. [...] Observe-se que um especial esforço deve ser feito no sentido de garantir a participação ativa de representantes dos diferentes segmentos do Conselho de Escola e do Conselho Regional dos Conselhos de Escolas – Creces, em todas as fases do planejamento. Busca-se, dessa maneira, ressignificar a participação e, ao mesmo tempo, aperfeiçoar as relações entre representantes e representados para que se apropriem dos fundamentos da política educacional e de suas decorrências práticas locais e gerais (SME, 2002, pp. 33-34).

A importância atribuída à construção do projeto político-pedagógico dessa gestão foi tanta que no documento de inauguração do ano letivo de 2003, a SME propôs às unidades escolares as seguintes atividades:

> 1) Revisitar o p.p.p.: Ainda que não registrado, a Unidade Educacional possui seu projeto político-pedagógico. Nesse momento, propomos olhar o projeto para apropriar-se dos seus eixos e do percurso de suas ações: mapear as propostas e prioridades do p.p.p.; fazer uma avaliação de sua atualidade, diante das ações que a Unidade desenvolveu e das novas demandas que surgiram no meio do processo.
>
> 2) O foco de análise: o currículo do p.p.p.: Analisar como estão sendo focados, no p.p.p., os eixos indicados abaixo: participação (ações coletivas e gestão democrática); saberes; registro do movimento cotidiano; avaliação (SME, 2003, p. 7).

Além de apresentar pontos orientadores para a reflexão sobre o p.p.p. (SME, 2002), a SME enviou junto com o caderno *Educ Ação* nº 01 algumas questões para realizar uma pesquisa com o corpo docente da rede sobre as concepções dos professores sobre projeto, currículo etc. Nas respostas, publicadas em *Educ Ação* nº 02, os professores indicaram condições necessárias para o alcance dos pressupostos da RME: "Número de alunos por sala; organização do coletivo; conhecimento da legislação; atendimento em período integral; formação permanente do professor". (SME, 2001, p. 38)

Essas condições foram criadas pela SME? Quais foram as políticas educacionais implementadas pela SME para garantir que as escolas construíssem seu p.p.p.? A pesquisa realizada em uma escola municipal mostrou uma distância enorme entre as propostas escritas da SME e o que acontecia no chão da escola, como veremos mais adiante. Ironicamente, nessa gestão, cujo o projeto político-pedagógico era uma de suas propagandas e enfatizava a urgência de um projeto político com finalidades e metas definidas, houve não menos que quatro mudanças de secretário de educação.

O projeto entendido como atividade: um olhar da psicologia sobre o projeto

Dada a multiplicidade de discussões e produções teóricas acerca do projeto político- pedagógico, escapa aos objetivos desse trabalho fazer uma revisão da literatura nacional e estrangeira sobre o tema. Além disso, outros autores empreenderam-se nessa tarefa, como CARRER[10] (1999) e PADILHA[11] (2002).

Interessa-nos fazer uma leitura sobre o projeto político-pedagógico a partir das contribuições da psicologia histórico-cultural e da teoria da atividade. Assim, nosso objetivo, nesse momento, é compreender o projeto político-pedagógico como atividade[12]. Para tanto, utilizaremos as contribuições de pesquidores brasileiros em educação cuja perspectiva teórica é a mesma que a nossa (MOURA, 2000; ARAÚJO, 2003; TAVARES, 2002; ARAÚJO, CAMARGO & TAVARES, 2002). Outros autores, como VEIGA (1995) e VASCONCELLOS (1999), foram utilizados na medida em que trouxeram luz às nossas indagações.

Partindo das reflexões suscitadas por essas pesquisas, surge a questão: Seria o projeto político-pedagógico um instrumento de

---

[10] CARRER (1999), em um capítulo de sua dissertação de mestrado, faz uma breve revisão da literatura pedagógica brasileira e apresenta algumas dimensões do p.p.p., como a gestão, o currículo e a avaliação.

[11] PADILHA (2002) faz uma revisão dos termos utilizados na relação projeto e educação: planejamento, plano, programa, projeto. Apresenta, também, as diversas concepções de planejamento.

[12] Os psicólogos soviéticos elegem, pautados no materialismo histórico dialético de Marx, o conceito de atividade como um dos princípios centrais ao estudo do desenvolvimento do psiquismo. Sobre este conceito: "A categoria filosófica de atividade é a abstração teórica de toda a prática humana universal, que tem caráter histórico social. A forma inicial da atividade das pessoas é a prática histórico social do gênero humano, ou seja, a atividade laboral coletiva, adequada, sensório-objetal, transformadora, das pessoas. Na atividade coloca-se em descoberto a universalidade do sujeito humano." (DAVIDOV, 1988, p. 27, tradução nossa).

resistência à desintegração entre a significação social e o sentido pessoal[13] na atividade pedagógica do professor? Para começarmos à responder a nossa pergunta de pesquisa, é necessário conceituarmos o projeto político-pedagógico entendido como atividade.

Segundo VEIGA (1995), o projeto político-pedagógico deve ser entendido enquanto a própria organização do trabalho pedagógico como um todo. O p.p.p. está relacionado, assim, com a organização do trabalho pedagógico em dois níveis: a organização da escola como um todo e a organização da sala de aula. ARAÚJO (2003) postula um terceiro nível, pois considera que a organização do trabalho pedagógico, mediada pelo projeto, atinge também a pessoa do professor e, conseqüentemente, outras escolas onde trabalha.

Sendo a sistematização da própria organização do trabalho da escola, os "projetos pedagógicos configuram-se como um espaço organizado para o desenvolvimento profissional ao estabelecer critérios que orientam a prática educativa" (ARAÚJO, 2003, p. 37). Os professores, ao se reunirem com o objetivo comum de refletir sobre seu fazer pedagógico, podem construir uma nova organização da atividade pedagógica, isto é, um projeto político-pedagógico, e ao fazê-lo formam-se e transformam-se tendo a escola como referência.

Segundo MOURA (2000), o projeto coordena as ações educativas a partir de determinados objetivos educacionais: "É ele que contém os elementos que definem a condição humana: possui metas, define ações, elege instrumentos e estabelece critérios que permitirão avaliar o grau de sucesso alcançado na atividade educativa." (p. 27).

O projeto torna-se atividade quando os projetos individuais dos professores convergem em torno de um mesmo objetivo e os

---

[13] A relação entre significação social e sentido pessoal é componente central da consciência humana nessa perspectiva teórica. As significações sociais, compartilhadas por meio da linguagem, não são apropriadas imediatamente pelos homens, só são apropriadas e incorporadas dependendo do sentido pessoal que tenham para este sujeito. Segundo LEONTIEV (1978, 1983), na sociedade de classes, a estrutura da consciência sofre uma transformação radical, significações sociais e sentidos pessoais não apenas deixam de ser coincidentes como se tornam contraditórios. Esse fenômeno é denominado por LEONTIEV de alienação e impede a humanização dos homens.

professores passam a assumir a existência de uma necessidade em comum: a melhoria da qualidade do processo de ensino e da aprendizagem. A existência de um projeto coletivo é mais do que a soma dos vários projetos pessoais, pois os motivos individuais da atividade tornam-se motivos do grupo enquanto os motivos do grupo ganham uma configuração individual: "Impulsionados por motivos pessoais, os professores explicitam e negociam no grupo, através do projeto, sua intencionalidade educativa. Estabelecem, então, os objetivos (modos pelos quais a satisfação da necessidade vai sendo definida/almejada) a alcançar." (ARAÚJO, CAMARGO & TAVARES, 2002, p. 7).

Defender o projeto como atividade é, segundo ARAÚJO (2003, pp. 38-40), buscar: reconhecer necessidades a serem assumidas coletivamente; identificar os problemas da realidade escolar; identificar as áreas de conhecimento abordadas; estabelecer procedimentos a seguir; interagir intensamente com os pares; tudo isso num permanente movimento de prática reflexiva.

Para que um projeto torne-se atividade é necessária a discussão coletiva sobre quais necessidades deverão ser atendidas pela sua elaboração (ARAÚJO, CAMARGO & TAVARES, 2002) e quais objetos poderão suprir essas necessidades, pois ao combinarem necessidades com objetos, os docentes encontrarão os motivos pessoais e coletivos da atividade-projeto.

Quais seriam as necessidades a serem supridas por um projeto pedagógico? ARAÚJO, CAMARGO & TAVARES (2002) elencam algumas necessidades que podem ser comuns aos professores de uma mesma escola: a organização do trabalho pedagógico da escola e da sala de aula, a convergência das dimensões pessoais e coletivas, a formação docente continuada na própria escola e a explicitação da intencionalidade educativa.

Mas elaborar um projeto pedagógico terá pouca finalidade se os docentes deterem-se na análise e no estudo da realidade escolar ou na mera idealização de uma escola e de um aluno a ser formado. Um projeto só tem razão de ser se possibilitar a ação de mudança, mediada pelo estudo, pela análise da realidade e, fundamentalmente, pelos sonhos. O projeto congrega, dessa forma, não só a dimensão individual com a dimensão coletiva, mas também a dimensão do ideal com a dimensão do real, pois ao compartilharem dúvidas, frustrações, sonhos e desejos de mudança, os professores enveredam-se pelo utópico que, segundo RIOS (1994), não é algo impossível de ser realizado, mas algo ainda não realizado, mas que pode vir a sê-lo pelo intermédio da ação.

Assim, um projeto, para ser entendido como atividade, deve ser um projeto de sujeitos que, a partir de suas necessidades, engajam-se num plano de ação coordenado, envolvendo os diversos segmentos da escola. Ao convergirem seus motivos individuais para motivos coletivos (e institucionais), os professores articulam-se em torno de objetivos definidos em comum e passam a desencadear ações planejadas. Essas ações podem ser desmembradas em diferentes operações necessárias ao alcance dos objetivos delineados *a priori*. O projeto-atividade permite, dessa forma, o aprofundamento da construção consciente da identidade do coletivo da escola e o crescimento pessoal e profissional dos educadores, ao mesmo tempo em que promove também mudanças organizacionais na instituição escolar, como a reorganização dos espaços, novos horários de funcionamento etc. (ARAÚJO, CAMARGO & TAVARES, 2002).

> Um projeto tomado como atividade (onde objetivos acordados coletivamente coincidam com os motivos pessoais e encaminhem resposta à necessidade coletiva) suscita no grupo a necessidade de novas leituras, de reuniões sistemáticas de estudo e de operacionalização das suas ações, possibilitando aos sujeitos envolvidos a produção de conhecimentos sobre e para o contexto, dando acesso a informações novas, dificilmente alcançáveis de outra forma (ARAÚJO, CAMARGO & TAVARES, 2002, p. 10).

Ao projetarem, os professores em coletividade aprimoram não só sua compreensão sobre o cenário escolar e a organização da escola no sentido da qualidade do ensino, mas também se desenvolvem profissional e pessoalmente. Dessa forma, o projeto político-pedagógico da escola, como um potencial articulador das ações humanas, constitui-se um privilegiado dispositivo de formação docente no sentido da humanização dos professores, alunos e demais segmentos escolares (ARAÚJO, 2003; TAVARES, 2002; ARAÚJO, CAMARGO & TAVARES, 2002).

Nesse sentido, será que a construção do projeto político-pedagógico entendido como atividade poderia ser um elemento de resistência à desintegração entre o sentido pessoal e a significação social da atividade pedagógica?

Para VEIGA (1995), quando um projeto é construído democraticamente e há uma preocupação coletiva dos professores na organização do trabalho pedagógico ocorrido na escola, surgem possibilidades de resistência às burocracias, à hierarquização dos poderes de decisão e aos efeitos fragmentários da divisão do trabalho que adentram a escola.

ARAÚJO (2003) aposta no trabalho coletivo e na construção do projeto pedagógico como instrumento de superação da alienação e configuração de um contexto onde o educador possa, ao se formar na atividade de projeto e na atividade de ensino em discussão, humanizar-se de maneira a ser um educador por inteiro.

O compartilhamento das atividades de ensino possibilitado pelo projeto também é considerado por TAVARES (2002) como elemento fundamental na ampliação da profissionalidade docente.

Para VASCONCELLOS (1999, p. 68), a construção do p.p.p. poderia ser um espaço de reflexão e ação que vai no sentido oposto ao da alienação:

> [...] se o homem se constitui enquanto tal por sua ação transformadora no mundo pela mediação de instrumentos, o planejamento – quando instrumento metodológico – é um privilegiado fator de humanização! Se o trabalho está na base da formação humana, e tem uma dimensão de consciência e intencionalidade, podemos concluir que planejar é elemento constituinte do processo de humanização: o homem se faz pelo projeto!

Como vemos, são diversos os autores a defenderem o p.p.p. como um importante instrumento de organização da escola, na medida em que pode ampliar a formação docente em serviço e produzir transformações na consciência dos educadores num sentido oposto ao da alienação. Nossa pergunta de pesquisa vai ao encontro das proposições dos autores analisados e, também, aposta nas possibilidades do projeto político-pedagógico como elemento organizador da atividade pedagógica.

Se, no campo teórico (embora fortalecidos pela leitura de reflexões advindas de pesquisas empíricas), o p.p.p. configura-se como um elemento de humanização docente, como seria a construção de um projeto político-pedagógico como atividade?

Para responder a esse questionamento, descreveremos a organização da atividade pedagógica observada numa escola pública municipal de São Paulo. Essa escola foi escolhida porque preocupava-se com a construção do projeto político-pedagógico e buscava formas de organizar as ações pedagógicas lá existentes.

Em busca do projeto político-pedagógico: análise da organização das ações pedagógicas de uma escola pública municipal

Para a pesquisa de campo, procurávamos uma escola pública preocupada com seu projeto político-pedagógico, uma escola em que professores, alunos, funcionários e comunidade estivessem buscando integrar-se para melhorar suas atividades educativas. Nessa época, trabalhávamos com projetos de formação de professores em escolas municipais de educação fundamental e diversos docentes, interessados na temática da pesquisa, indicaram algumas unidades escolares às quais entramos em contato. Uma delas nos chamou atenção, pois, além de desenvolver seu próprio projeto político-pedagógico, buscava, em conjunto com outras escolas do bairro, construir um projeto educativo para a região onde estava localizada. Nessa escola foi realizada a pesquisa.

Tendo em vista as contribuições de EZPELETA (1989), ROCKWELL (1987) e ANDRÉ (1995), que estão pautadas numa perspectiva etnográfica de pesquisa em educação, inspiramo-nos em suas proposições acerca do estudo de caso de tipo etnográfico, que é caracterizada por um trabalho de campo que busca apreender a dinâmica escolar, suas ações e significados para professores, alunos e demais agentes. A pesquisa compreendeu três procedimentos de investigação: observação participante do dia-a-dia escolar durante um ano letivo; entrevistas com dois professores e uma profissional da equipe técnica; e análise de documentos.

Os diversos procedimentos utilizados na pesquisa de campo possibilitaram que um grande número de informações sobre a realidade pesquisada fosse desvelado. Na leitura exaustiva dos registros de pesquisa, buscamos organizar os dados e levantar as temáticas registradas com maior freqüência. Nessa organização dos dados, separamos as informações por sua natureza e procuramos os elementos que conferiam à escola uma forma de organização das ações pedagógicas. Assim, houve dados sobre a organização da escola de forma geral: organograma, história, corpo docente, peculiaridades, contexto político e local (relação da escola com a Secretaria Municipal de Educação e com a comunidade). Percebemos, também, alguns eixos de organização e condução da atividade pedagógica, que denominaremos de "Em busca do projeto político-pedagógico": avaliação, currículo, ação pedagógica em sala de aula e projetos extra-classe, trabalho coletivo, relação com alunos e comunidade, condições de trabalho e projeto sonhado[14].

Organização escolar

A escola onde foi realizado o trabalho de campo localiza-se na periferia do município de São Paulo, em um dos limites geográficos da cidade. Uma característica marcante dessa localidade é o intenso

---

[14] Nesse capítulo, serão enfocados os seguintes eixos: trabalho coletivo, ação pedagógica em sala de aula, condições de trabalho e projeto sonhado.

crescimento populacional, pois lá a grande metrópole ainda encontra espaço para crescer (desordenadamente).

A situação de moradia torna-se precária à medida que nos afastamos das ruas centrais no entorno da escola. Muitas regiões do bairro foram constituídas a partir de loteamentos clandestinos, grilagens, ocupações de terra por movimentos sociais organizados ou ocupações de forma desordenada em assentamentos irregulares. Assim, encontramos regiões onde as ruas ou são esburacadas ou não asfaltadas ou ambos. Não há saneamento básico ou água encanada e a população não conta com transporte público próximo à sua casa. E o bairro continua expandindo-se para regiões cada vez mais distantes e com quase nenhum acesso a condições mínimas de vida digna. Muitas crianças dessas localidades distantes estudam na escola pesquisada e têm de andar às vezes quatro, cinco quilômetros a pé para chegarem. Quando estudam de manhã, têm de sair de suas casas quando ainda está escuro para chegarem a tempo para as aulas.

Outra característica da região é a existência de poucas oportunidades de trabalho nas proximidades. A população é obrigada a deslocar-se para outros bairros mais centrais, longe dali, a fim de trabalhar seja formalmente ou informalmente. O bairro acaba tornando-se, assim, bairro-dormitório.

Uma característica marcante dessa unidade escolar é o grande número de professores e funcionários efetivos e trabalhando na escola há muitos anos. Por exemplo, encontramos funcionários que trabalham na escola há vinte anos e professores, há quinze anos. A diretora efetiva mora na região e estava nesse cargo, quando realizamos a pesquisa de campo, há seis anos, mas antes trabalhara em outras escolas das proximidades. A coordenadora pedagógica efetiva mora bem perto da escola e estava nesse cargo há quatro anos, sendo antes professora e tendo estudado na unidade, inclusive como aluna de professores que, hoje, coordena. Os professores e funcionários mais antigos conhecem os alunos, suas famílias, seus nomes, sua história. Por diversas vezes pudemos presenciar a diretora, a coordenadora e os docentes circulando pelo pátio, conversando com os estudantes, chamando-os pelo nome. Não era raro encontrar professores que deram aula para os pais de seus atuais alunos. Tudo isso faz com que a escola esteja bem integrada no bairro, fazendo parte de sua história e sendo respeitada e valorizada pela população.

Além de contar com uma diretora, uma coordenadora pedagógica e parte de seu corpo docente sendo efetivos, a escola, em 2003, dispunha de uma coordenadora pedagógica e uma assistente de direção designadas. No decorrer do ano letivo, a escola sofreu algumas mudanças em relação ao seu organograma. A diretora efetiva foi afastada para assumir um cargo na coordenadoria de educação da subprefeitura local. O seu cargo passou a ser exercido pela assistente de direção. Concomitantemente, a coordenadora pedagógica designada precisou deixar o cargo porque uma outra coordenadora concursada havia escolhido a escola. Assim, a ex-coordenadora designada assumiu o cargo de assistente de direção. Neste ano, houve, portanto, três mudanças substanciais de cargos: uma nova diretora (ex-assistente de direção), uma nova assistente de direção (ex-coordenadora pedagógica) e uma nova coordenadora pedagógica.

A diretora efetiva, Sílvia[15], era considerada por parte do corpo docente como essencial à escola, sendo respeitada e valorizada por seu trabalho. Professores e funcionários a reconheciam como condutora da escola: *"é o eixo da escola"*; *"é a alma da escola"*[16]. Os professores destacavam o apoio incondicional da diretora ao seu trabalho. Ela foi uma das idealizadoras do projeto político-pedagógico da microrregião que discutiremos em breve.

A coordenadora pedagógica efetiva, Letícia, também era muito respeitada pelos docentes. Estes a reconheciam como organizada, prestativa, competente, alguém disposta a ajudá-los. Ela, ao falar sobre sua função, dizia que o papel do coordenador era estar ao lado

---

[15] Todos os nomes utilizados, de pessoas, localidades ou estabelecimentos de ensino são fictícios.

[16] As frases entre aspas em itálico são trechos de falas de professores registrados nas observações participantes.

dos professores, respeitando seu trabalho e apoiando-os. Para tanto, um bom coordenador não pode esquecer sua experiência e vivência na sala de aula[17].

Quando entramos em contato com a escola, em novembro de 2002, a unidade escolar já vinha desenvolvendo, junto com mais oito escolas próximas, um projeto político-pedagógico para a educação da região, intitulado "Escola cidadã". Os educadores das unidades escolares do bairro encontravam-se periodicamente desde 1998. A gênese desses encontros ocorreu, segundo o histórico presente no p.p.p. da microrregião, em 1993, quando duas escolas se organizaram para promover um desfile cívico pelas ruas do bairro em comemoração à Semana da Pátria. A partir de então, esse evento foi aglutinando cada vez mais escolas, inclusive estaduais, e outras entidades educativas e hoje é uma tradição do bairro. Todo ano, as escolas se organizam em torno de um tema gerador que valorize "especialmente o aspecto denúncia"[18]. O tema escolhido deve, também, contribuir para a integração dos educadores e alunos, aprimorar a formação crítica e cidadã dos educandos. Os encontros para os planejamentos dos primeiros desfiles possibilitaram que os educadores percebessem que tinham problemas semelhantes e diversas ações foram engendradas, como a organização de um calendário de eventos comuns no bairro. Por exemplo, busca-se planejar as festas juninas e julinas de maneira que não aconteçam em datas coincidentes nas escolas próximas para que a população tenha maiores opções de lazer no bairro.

Foi nesses grandes encontros de educadores que começou a ser gestada a idéia de um projeto político-pedagógico para a microrregião, pois essas reuniões, além de possibilitarem a integração dos educadores e comunidade, promoveram a discussão sobre os problemas do bairro, sobre as dificuldades encontradas pela população local e, principalmente, o debate sobre construção de uma escola pública

---

[17] Sobre reflexão acerca do papel do Coordenador Pedagógico, ver ROMAN (2005), nesse mesmo livro.

[18] Frase do p.p.p. da microrregião.

de qualidade. Em 2002, as diversas idéias surgidas em encontros anteriores foram sistematizadas no atual p.p.p. da região, que é trienal (2003-2005). Essas discussões foram fundamentais para a elaboração dos objetivos, metas e ações a serem desenvolvidas. A partir desse projeto, que representa a identidade educacional do bairro, cada escola deveria construir seu próprio projeto, respeitando suas especificidades.

A proposta de construção de um projeto pedagógico do bairro ia ao encontro das propostas educacionais da gestão municipal vigente na época da pesquisa. Embora as escolas da região tenham começado a se encontrar na gestão do prefeito Celso Pitta, foi na gestão do PT que essa idéia de integração das escolas de uma mesma localidade ganhou força e incorporou-se ao projeto político de educação da prefeitura. No período da pesquisa, grande parte das escolas municipais estava integrada em pólos que se encontravam regularmente. O que antes era uma ação peculiar das escolas da região onde pesquisamos, tornou-se política educacional e os encontros de educadores passaram a ser organizados pela coordenadoria de educação das subprefeituras locais que os planejava e propunha. Assim, a integração das escolas da região, mediada pela construção de um projeto político-pedagógico comum, deixou de ser uma ação "espontânea" dos educadores e passou a fazer parte do calendário oficial de eventos da coordenadoria.

A relação da escola com a Secretaria Municipal de Educação (SME) e com a coordenadoria de educação local deve ser considerada ao buscarmos compreender o dia-a-dia escolar. A escola onde realizamos a pesquisa de campo faz parte da Rede Municipal de Educação (RME) e, portanto, está subordinada à política educacional da cidade de São Paulo. Dessa forma, se quisermos compreender o contexto escolar, é necessário examinar quais são suas repercussões na escola, isto é, como o corpo docente, funcionários e comunidade apropriavam-se e avaliavam as propostas e prescrições da SME e, dessa forma, construíam a escola. Não era nosso objetivo de pesquisa encontrar a presença das determinações da SME na escola, mas sim reconstruir suas implicações na dinâmica escolar.

Essa gestão do PT, no seu início, era uma grande esperança de mudança para os docentes. Estes lembravam com saudades da última gestão do mesmo partido (prefeita Luiza Erundina – 1988/1992) e das propostas implantadas pelos secretários Paulo Freire e Mário Sérgio Cortella. Diziam que nessa época a escola era bem atendida, os professores eram respeitados e escutados, a escola recebia material pedagógico e infra-estrutura, os salários melhoraram significativamente. Depois de oito anos de descaso com a educação municipal, nas duas gestões anteriores (prefeitos Paulo Maluf e Celso Pitta), esperavam que a gestão atual retomasse projetos e debates iniciados em 1988. Mas, segundo os docentes, não foi o que aconteceu. Houve quatro mudanças de secretários da educação e, portanto, descontinuidade administrativa; o reajuste salarial foi mínimo e não houve uma proposta pedagógica bem delimitada para o município. Ao contrário, segundo os docentes, essa gestão vinha se caracterizando pela implementação de políticas assistencialistas, eleitoreiras e autoritárias. No ano de pesquisa, por exemplo, um Centro Educativo Unificado (CEU) foi construído no distrito vizinho. Embora os professores aprovassem a criação de um espaço cultural e educativo para a população, indignavam-se com a grande quantidade de recursos destinados a tal obra, enquanto faltavam vagas para as crianças da região e enquanto os docentes não recebiam há anos um reajuste salarial digno. O CEU foi tema corrente na sala dos professores: *"Todo nosso dinheiro foi investido no CEU"*. A grande expectativa e a esperança inicial em relação à atual gestão foram pouco a pouco se dissipando e os professores falavam de suas desilusões.

Nas reuniões pedagógicas e conversas informais, os docentes reclamavam da falta de um projeto municipal de educação, da inexistência de uma linha pedagógica da SME. A rotatividade de secretários impossibilitou a continuidade e manutenção de projetos e programas anunciados no início da gestão, como por exemplo o Grupo de Acompanhamento da Ação Educativa (GAAE) e o Movimento de Reorientação Curricular[19]: *"Nada do que eles começam, eles terminam, mas depois vem a revista com as propagandas do governo"*.

---
[19] Sobre essas propostas, consultar os Cadernos *Educ Ação* nº 01, 02, 03 e 04, publicações da SME distribuídas ao corpo docente da Rede Municipal de Educação (RME).

As relações da escola com a SME ou outras instâncias de poder eram avaliadas pelos docentes como impeditivas ou dificultadoras da construção do p.p.p. Professores e demais profissionais da equipe pedagógica denunciavam a falta de autonomia da escola e reclamavam do poder centralizador das instâncias superiores: "*A autonomia ainda é pífia*". Segundo os docentes, as decisões e resoluções da rede municipal vinham de "cima para baixo", a escola era pouco considerada nas propostas educacionais e os professores tinham espaço restrito para discutirem as políticas públicas educacionais. Nas reuniões com representantes da SME, os professores diziam não encontrar possibilidades de opinar ou criticar as propostas em desenvolvimento.

O descompasso entre escola e SME fazia com que nem todas as necessidades e pedidos da escola fossem atendidos, por exemplo, a contratação de professores substitutos e eventuais, o que a possibilitaria a condução de projetos extra-classe para os alunos com dificuldades. Os docentes denunciavam, também, a existência de leis que facilitavam a rotatividade dos profissionais da escola, comprometendo a continuidade do trabalho pedagógico. Ou, por outro lado, a escola recebia benefícios que não solicitara e não eram necessários, como o recebimento, no início do ano, de várias pernas-de-pau, material não requisitado e que nenhum professor sabia como usar.

Em relação aos cursos de formação organizados pela SME, os professores os avaliavam como repetitivos, teóricos, distanciados da realidade de sala de aula e desconectados das necessidades dos professores. Diziam que as discussões promovidas nesses cursos ou em outros momentos de formação (palestras, reuniões na coordenadoria de educação etc.) pouco diziam a respeito de sua prática pedagógica e eram sempre as mesmas temáticas ou modismos pedagógicos a serem discutidos. Reclamavam da falta de assessoria pedagógica da SME e da coordenadoria por meio da ação do GAAE: "*Essa visita nunca acontece, só houve uma vez meia visita*".

As reuniões gerais de pólo (RGP), antigos encontros de educadores, que teriam a função de articular os educadores e ser uma proposta de formação docente – uma parada pedagógica – também eram criticadas pelos educadores como inócuas, pois não atendiam às necessidades e expectativas docentes: *"Elas* (as coordenadoras da reunião, representantes da coordenadoria de educação local) *não têm nada para nos passar, só sugam a gente, é o professor que se dana"; "Não tem quem oriente a prática"; "Ninguém pergunta para o professor o que ele precisa, apenas manda ele ler textos"; "O professor não tem respaldo".*

Os docentes da escola, além de discutirem a política educacional do município de forma geral, falavam sobre as particularidades da relação da escola com a SME e coordenadoria local. Criticavam o abandono da escola e do bairro pelo NAE (Núcleo de Ação Educativa, atualmente desmembrado em coordenadorias de educação nas subprefeituras): *"O NAE nunca vem ao bairro"; "As benfeitorias não chegam à escola".* Avaliavam que a coordenadoria de educação "boicotava" a escola e seus profissionais, negando-lhes informações ou benefícios: a coordenaria estaria de *"fogo cerrado"* com a escola devido à filiação política de alguns docentes e da própria diretora efetiva.

Apresentamos, nesse primeiro momento, dados sobre o contexto escolar e sua organização. É nesse contexto que o projeto político-pedagógico é produzido e os docentes, funcionários e alunos desenvolvem suas atividades escolares. Chegamos, assim, ao próximo contexto de análise, a organização e condução das ações pedagógicas.

Quando chegamos à escola, o p.p.p. da microrregião tinha sido produzido há pouco tempo e uma das metas da escola era sistematizar seu próprio projeto em 2003. Teríamos, então, a oportunidade de presenciar e acompanhar a construção de um projeto político-pedagógico numa escola reconhecida pelo seu compromisso com a educação pública.

Em busca do projeto político-pedagógico: organização das ações pedagógicas

Grandes eram nossas expectativas quando começamos a acompanhar as atividades da escola no início do ano letivo de 2003. Acreditávamos que iríamos ver pela primeira vez um projeto político-pedagógico sendo gestado de forma verdadeiramente coletiva, com educadores preocupados em avaliar sua realidade educacional e, a partir disso, pensar em ações compartilhadas para enfrentar os problemas encontrados e tudo isso repercutindo na sala de aula. Esperávamos que a discussão sobre o projeto político-pedagógico tivesse destaque nas reuniões pedagógicas e que houvesse momentos especiais para debatê-lo.

Logo nas primeiras visitas à escola, percebemos que nossa visão sobre o p.p.p. era um tanto quanto abstrata, teórica, idealizada, não condizia com o dia-a-dia atribulado de uma escola pública. O espaço para a discussão acerca do p.p.p. não era sistematizado ou freqüente. Às vezes o tema aparecia na pauta de reunião pedagógica, como aconteceu principalmente nas primeiras reuniões do ano letivo, mas era relegado ao segundo plano, pois havia coisas mais urgentes, quase sempre burocráticas, a serem discutidas como, por exemplo, a ordenação das filas de alunos no horário de entrada da escola. E como sempre assuntos e "demandas emergenciais" surgiam, docentes e equipe pedagógica adiavam indefinidamente as discussões mais globais sobre a escola, isto é, os debates sobre os principais problemas e dificuldades enfrentados, as análises e ações possíveis diante dessas dificuldades, a organização do currículo, a avaliação escolar etc.

Embora não houvesse um projeto sistematizado, formalmente registrado ou como objetivo do corpo docente, com o passar das observações, fomos percebendo que existiam eixos de organização do trabalho pedagógico da escola, eixos estes produzidos coletivamente, embora nem todos os educadores tivessem consciência dessa organização. O fim das ações dos diversos sujeitos escolares, componentes da atividade pedagógica escolar, nem sempre correspondia conscientemente ao motivo dessa atividade, qual seja garantir que os estudantes apropriem-se do conhecimento historicamente acumulado. Heloísa, a assistente de direção, sintetiza:

> Eu vejo que a coisa lá na sala de aula não vai, é tudo fragmentado. Eu sou professora de Português, eu começo querendo dar a minha matéria, aí quando eu chego lá, eu esbarro com um aluno que não aprendeu a ler direito, a escrever, então eu não posso ser uma professora de Português, eu tenho que verificar o que ele aprendeu, o que ele deixou de aprender, mas enquanto isso a outra professora está preocupada [...] aconteceu a mesma coisa, ela pegou um aluno de 8ª série que também não domina nada da 5ª série, que não sabe ler e escrever, mas ela quer dar oração subordinada e acabou, e ele não aprendeu nada, mas aí vai, então isso é ausência de um projeto mesmo, é ausência de um projeto.

Para nós, o projeto político-pedagógico entendido como atividade não é apenas um documento formalizado, norteador das atividades escolares ou um "ritual" com hora marcada em que os educadores discutem suas dificuldades e escrevem propostas. É a possibilidade da escola, de forma coletiva e consciente, orientar sua atividade educativa e construir, assim, uma organização das ações pedagógicas tendo em vista finalidades educacionais claramente delimitadas. A escola em foco tinha uma forma de organizar suas ações que, embora não fosse diretamente discutida, pensada e apropriada por todos os educadores, era engendrada nas atividades dos sujeitos integrantes da unidade escolar. Podemos chamar essa organização de projeto? Essa organização é condição suficiente para que se construa um projeto-atividade? Para que possamos responder a essas questões é necessário conhecer a dinâmica escolar em relação à atividade pedagógica, pois, como dissemos, a escola produz uma série de ações buscando organizar o trabalho pedagógico lá existente. Não necessariamente faz isso de forma consciente e coletiva, mas a não coletividade e a não consciência estarão inevitavelmente forjando as formas de organização do trabalho educativo na unidade escolar. Toda escola tem uma história, um corpo docente e discente também com uma história, um conjunto de práticas consolidadas (algumas até automatizadas), um jeito peculiar de ser e enfrentar suas dificuldades, que é produzido coletivamente pelas pessoas que trabalham e estudam nesta singularidade. Na escola pesquisada, esse jeito institucional de ser e agir – que acontecia diariamente nas e pelas ações dos educadores, funcionários e estudantes – era percebido por seus integrantes, forjando um sentimento ora de pertença ora de negação do instituído, mas que conferia formas de conduzir o trabalho pedagógico. São algumas dessas formas que descreveremos a seguir.

Trabalho coletivo

Desde o início de nossa pesquisa, presenciamos docentes e coordenadoras enfatizando a importância do trabalho coletivo para o bom andamento da escola e para a qualidade da educação. Entendiam os horários de reunião coletiva como fundamentais à organização do trabalho pedagógico escolar e ressaltavam a necessidade dos educadores terem posturas comuns em relação à avaliação, currículo, disciplina dos alunos. O trabalho coletivo foi, assim, um tema presente nas reuniões ou conversas dos professores.

Os docentes tinham visões bastante diferentes, às vezes até contraditórias, sobre a existência ou não de um trabalho coletivo na escola. Havia aqueles que diziam ser a escola quase uma família, onde todos se davam bem e se ajudavam e onde havia um verdadeiro trabalho integrado, pois os docentes discutiam todos os temas, trocavam experiências, planejavam conjuntamente. Por outro lado, havia aqueles a afirmarem a impossibilidade de um trabalho coletivo, já que as decisões até eram tomadas em grupo, mas estas não eram respeitadas e no final cada um fazia o que queria.

No entanto, a versão mais comum sobre esse tema era que havia a tentativa de um trabalho coletivo e este era uma meta da escola. Assim, existiam ações comuns, mas muitas dificuldades precisavam ser superadas. Em relação a essas dificuldades, apontavam o não cumprimento das decisões coletivas por todos e o silêncio daqueles que não concordavam com alguma medida, mas não explicitavam a discordância, apenas tomando atitudes diferentes daquelas acordadas. Uma das coordenadoras avaliava que a dificuldade estava na compreensão do que seria o trabalho coletivo, pois muitos educadores entendiam que bastava um ajudar o outro, mas raramente pensavam na construção coletiva de propostas concretas para a escola.

Outra dificuldade era o excesso de burocracias a serem atendidas (como preenchimento de diários de classe, tarjetas e outros) e ações componentes da atividade pedagógica (como correção de provas, lições de casa, trabalhos, preparo de aulas), o que fazia com que o horário coletivo fosse ocupado, freqüentemente, com a realização dessas tarefas.

Condução das ações pedagógicas em sala de aula

A condução das aulas era tema freqüente entre os professores e, por diversas vezes, os docentes vinham espontaneamente nos contar suas ações pedagógicas de classe. Os professores ressaltavam a importância do planejamento diário das aulas, embora, em sua maioria, devido à extensa jornada de trabalho, não tivessem tempo e condições objetivas para realizá-lo.

Um trabalho constantemente relatado, expressão da condução das ações pedagógicas da escola, foi a classe-projeto, idealizada e dirigida pelas professoras de 4º ano do ciclo I[20], mas incorporada por outros docentes. Essas educadoras angustiavam-se com os alunos que

---

[20] Desde 1992, foi instituído, nas escolas municipais de São Paulo, o sistema de ciclos de aprendizagem e, atualmente, o ensino fundamental de oito anos é organizado em dois ciclos de quatro anos. Tal sistema restringiu a reprovação ao final dos ciclos, garantindo a continuidade de estudo no interior de cada ciclo. Sobre essa política, ver o capítulo de VIÉGAS (2005), nesse livro, que trata da progressão continuada no sistema de ensino do Estado de São Paulo, política educacional semelhante aos ciclos.

chegavam ao 4º ano com dificuldades de leitura e escrita e com grande defasagem em relação aos conteúdos necessários para cursar o último ano desse ciclo. Decidiram, então, agrupar os alunos com maiores dificuldades numa mesma classe intitulada "sala-projeto". Planejavam para esta turma atividades diferenciadas buscando a superação das dificuldades. Como o número de alunos era menor, podiam acompanhar mais de perto os avanços de cada aluno e pensar em atividades direcionadas para cada um. Quando um aluno desenvolvia-se e era considerado por elas apto a cursar o 4º ano regular, era remanejado de classe. Este projeto estendeu-se a outras classes e era muito valorizado pelos docentes de ciclo I, coordenação e direção.

No ano da pesquisa, uma classe projeto, que tinha sido acompanhada de perto em dois anos consecutivos por docentes do ciclo I, chegara ao 5º ano. Até o 4º ano, os alunos dessa turma tiveram um atendimento diferenciado tendo em vista as dificuldades em relação à aprendizagem dos conteúdos veiculados em sua etapa. Como esses estudantes apresentavam defasagens em relação à alfabetização e outros conteúdos, foi decidido que permaneceriam na mesma turma para a continuidade do atendimento diferenciado. Essa sala-projeto, em 2003 denominada 5ª C, estendeu-se ao ciclo II. A proposta inicial para essa classe era que, ao "homogeneizar" uma turma segundo os níveis de aprendizagem, os docentes pudessem criar condições para a superação das dificuldades. Mas não foi isso o que aconteceu. Os professores de ciclo II, ao depararem-se com alunos recém-alfabetizados, imobilizaram-se, questionaram sua própria formação que não os preparou para trabalhar com alfabetização e letramento e, em alguns casos, desistiram de ensinar. O 5º ano C transformou-se na antiga "classe dos fracos". Essa classe foi tema de discussão durante todo o ano letivo: O que fazer? O que são atividades diferenciadas? Como trabalhar com alunos iniciantes no processo de alfabetização e letramento? Como lidar com alunos que não se sentem capazes de aprender? Diante do não-saber o que fazer e da angústia frente a isso, docentes e equipe técnica iniciaram a discussão sobre as vantagens e desvantagens das classes homogêneas. Embora reconhecessem a dificuldade de trabalhar com uma classe como a 5ª C, preocupavam-se com o possível abandono de alunos com dificuldades quando estes estudam em classes com quarenta crianças. Ao final do ano, avaliaram que montar classes "homogêneas" em relação à aprendizagem não era produtivo nem para professores, nem para alunos. Assim, seria necessário repensar a montagem das classes no próximo ano letivo.

Ao pensarem sobre suas ações pedagógicas, os docentes questionavam as teorias e modismos pedagógicos veiculados nos cursos de formação. Avaliavam a dificuldade, quase impossibilidade, de relacionarem as teorias educacionais com as práticas pedagógicas: a teoria é muito diferente da prática, há um grande abismo entre as teorias educacionais e o que acontece na sala de aula. As teorias poderiam, no máximo, nortear a prática, fornecer elementos de reflexão, mas não teriam aplicação direta no dia-a-dia da sala de aula. Até porque, dizia um professor, os problemas da escola não são teóricos, mas fundamentalmente políticos.

De forma geral, mesmo preocupados com suas ações pedagógicas e trocando informalmente estratégias de trabalho, os planejamentos das ações em sala de aula, quando possíveis, dadas as condições adversas de trabalho, ficavam a cargo unicamente do docente responsável por aquela classe e disciplina. Planejar raramente era uma atividade coletiva. Os professores de uma mesma turma não sabiam o que estava sendo trabalhado pelo outro e quais eram as ações em curso. Dessa forma, reclamavam da solidão em sala de aula, angustiavam-se com a fragmentação do trabalho pedagógico.

As reuniões e conselhos de professores, espaços em que haveria possibilidade de discussões acerca das ações pedagógicas, tornavam-se também uma extensão do trabalho fragmentado da sala de aula. O debate sobre questões burocráticas ou periféricas acabava ocupando a maior parte do tempo: discutia-se como organizar as filas de alunos na hora de entrada e recreio, conversava-se sobre os alunos que apresentavam dificuldades de aprendizagem e comportamento, debatia-se a aceitação ou não dos alunos "bagunceiros" como candidatos a monitor de classe, explicava-se como preencher tarjetas ou como encaminhar a evolução funcional. Mas não se relacionava a discussão sobre essas questões com a condução da ação pedagógica de forma específica, com a atividade pedagógica de forma geral e não se pensava sistematicamente em como superar as dificuldades comuns a todos.

O fim das ações dos professores não correspondia ao motivo da atividade pedagógica escolar. Em poucos momentos havia uma relação consciente entre os motivos da atividade e os objetos da ação pedagógica. Por outro lado, há contradições produzidas na escola que apontam possibilidades, ainda que tênues, de superação do hiato entre motivo e fins. Mesmo diante de condições objetivas de trabalho dificultadoras do planejamento coletivo e da existência de uma educação escolar entendida como atividade, sofrendo com a solidão na sala de aula, tomados pelas exigências burocráticas da escola pública, os professores buscavam espaços de negação do instituído: ressaltavam a importância do planejamento, negavam os modismos educacionais, buscavam outras formas de disciplina, tentavam produzir estratégias de superação das dificuldades de aprendizagem que atribuíam aos alunos. São nessas contradições que podemos vislumbrar outra organização escolar menos alienada.

Condições de trabalho: dificuldades para a construção do projeto político-pedagógico

Eram temas muito freqüentes nas reuniões pedagógicas, nas conversas informais na sala dos professores e nos corredores da escola as dificuldades institucionais para a implementação de um projeto político-pedagógico. As dificuldades encontradas referiam-se não apenas àquelas produzidas no interior da própria escola, mas também à relação conflituosa entre a escola e a Secretaria Municipal de Educação e outras instâncias superiores de poder.

Uma reclamação constante dos professores e demais profissionais da equipe pedagógica era o excesso de burocracias a serem atendidas. Parte do tempo restrito do professor, que poderia ser destinado ao preparo das aulas e ao estudo, era utilizado para o preenchimento de diários, fichas, filipetas, tarjetas, livros de ata, caderno de ponto, questionários da SME ou do Ministério da Educação (MEC), entre outros documentos. Esse trabalho, além de cansativo, era visto pelos professores como desnecessário e sem sentido tendo em vista a prática pedagógica: Qual é a relação das inúmeras operações mecanizadas que o professor deve realizar com a atividade pedagógica?

Outra dificuldade, constantemente denunciada, referia-se à extensa carga horária de trabalho. Os professores, diante de seus baixos salários, eram obrigados a assumir grande número de aulas, trabalhando muitas horas (às vezes mais de quarenta horas semanais), comumente em mais de uma escola. A longa jornada de trabalho, adicionada aos baixos salários, também dificultava o preparo das aulas e das ações pedagógicas. Soma-se a isso as condições de trabalho tidas como precárias, pois os docentes sofriam com o excesso de barulho[21] da escola, com classes superlotadas, falta de material pedagógico. Entendiam suas precárias condições de trabalho como um grande sinal da desvalorização do trabalho do professor. O trabalho, fator central da humanização, tornava-se assim elemento de degradação e sofrimento.

Diante da excessiva carga horária e das más condições de trabalho, os professores queixavam-se de cansaço e desânimo: *"Com o tempo a gente vai perdendo o encanto"*. Falavam do dia-a-dia caótico da escola, da rotina pesada de trabalho, da precariedade das instalações, do aumento da violência intra e extra-muros escolares. Preocupavam-se com o aumento do desemprego e da criminalidade, com a desvalorização docente e a diminuição dos salários. E, diante de tudo isso, por vezes resignavam-se: *"Mas é a profissão que eu tenho já faz dezesseis anos, não vou poder mudar mais"*.

---

[21] As salas de aula sofriam muita interferência dos ruídos externos: conversas nos corredores, correria e gritaria das crianças entre as aulas, barulho das quadras de esporte, gritos dos professores das salas vizinhas etc.

Muitas eram, também, as reclamações dos próprios professores, da coordenação e da direção, em relação ao excesso de falta dos educadores. Havia dias em que mais de um professor faltava, o que deixava a escola em situação de caos, pois mais de uma classe ficava sem aulas. Os professores e as coordenadoras haviam combinado, no início do ano, avisar quando iriam faltar e deixar tarefas previamente preparadas para os alunos, mas nem sempre isso acontecia. Os alunos das classes sem professor exigiam que suas aulas fossem adiantadas para que pudessem ir embora mais cedo. A estratégia utilizada pelos professores presentes era, em muitos casos, dar aula em duas classes ao mesmo tempo. Um só professor passava tarefas para uma turma, explicava como fazer e saía correndo para outra classe onde fazia o mesmo e, assim, insanamente, ia tentando amenizar o caos.

O problema das faltas era constantemente relatado à pesquisadora pois, além de atrapalhar o trabalho dos demais docentes, gerava muita frustração àqueles professores preocupados com a aprendizagem de seus alunos e comprometidos com o ensino público. Os docentes reclamavam da inexistência de professores substitutos que pudessem amenizar esse problema e, também, da falta de autonomia da escola para contratar esses profissionais. Por outro lado, avaliavam ser necessário o direito às faltas abonadas: *"O professor não está agüentando. Tem de ter direito à falta"*.

A discussão nacional sobre a reforma da previdência e a possibilidade de extensão dos anos de trabalho necessários para a aposentadoria foram tema nas conversas da sala dos professores. Educadores faziam as contas para ver quantos anos faltavam para a aposentadoria no sistema atual e como ficaria a situação se a reforma fosse aprovada. Ao depararem com o aumento de anos faltantes angustiavam-se: *"Se precisar trabalhar mais dez anos, eu morro antes"*; *"Já pensou esperar até 55 anos dando aula? Eu morro antes"*.

Por último, não por acaso, deparamo-nos com diversos relatos sobre o adoecimento docente advindo das difíceis condições de trabalho. Além dos relatos individuais à pesquisadora, o adoecimento docente foi tema constante de conversa na sala dos professores. Falavam do nervosismo, do desânimo e do cansaço advindos do trabalho, das doenças crônicas adquiridas ou fortalecidas ao longo da carreira profissional, como gastrite, bursite, depressão, úlcera, diabete, dores na vista, labirintite, entre outras. As condições de trabalho repercutiam, assim, não apenas na qualidade do trabalho do professor, mas contundentemente na sua própria vida, afetando sua saúde física e mental [22].

Como vemos, as condições objetivas são aspectos primordiais, imprescindíveis para que possa ocorrer a coincidência entre sentido e significado na atividade pedagógica do professor. Como tornar-se um ser humano integral se as condições de trabalho despedaçam o professor? Como articular de forma consciente os motivos da atividade pedagógica com as ações em sala de aula se o trabalho na escola é fragmentado, desarticulado? Diante de condições tão perversas de trabalho, os professores sucumbem e adoecem. Pouco a pouco perdem a motivação em relação ao seu trabalho. E, sem compreenderem a produção social do seu adoecimento, por vezes culpam-se de uma suposta fraqueza individual.

O projeto sonhado

Embora não tenha sido tema constante da conversa dos educadores na sala de professores e nas reuniões pedagógicas, alguns docentes procuravam a pesquisadora para contar seus sonhos e esperanças em relação à escola e à educação. Dentre esses sonhos, aparecia a existência de um projeto coletivo que pudesse organizar a prática pedagógica e articular os diversos segmentos escolares.

O projeto era entendido como um instrumento de formação docente e avaliação conjunta da escola. Também seria a possibilidade de atender às peculiaridades da região e da comunidade, que deveria

---

[22] Sobre essa temática, Wanderley CODO (1999), em parceria com a Confederação Nacional dos Trabalhadores em Educação (CNTE), coordenou uma pesquisa de âmbito nacional sobre o adoecimento docente, mais especificamente sobre a síndrome da desistência do educador, denominada *burnout*.

ser incluída no planejamento. Os docentes compreendiam que, ao construir um projeto político-pedagógico, estariam delimitando finalidades educacionais e formas de conduzir a atividade pedagógica e, assim, controlar a qualidade do ensino. Para tanto, talvez, o primeiro passo fosse escrever um projeto da escola, um projeto de longo prazo.

Os educadores que nos procuraram tinham clareza de que uma escola de qualidade não é produto individual, mas sim fruto de uma coletividade com um projeto em comum, não só de escola, mas de mundo. E, assim, embora na escola em estudo, o projeto político-pedagógico não estivesse permanentemente na pauta das reuniões pedagógicas e nas conversas entre os docentes, aparecia na fala dos educadores como possibilidade não muito distante.

Considerações finais

Ao apresentarmos os eixos de organização das ações pedagógicas da escola, percebemos as dificuldades na construção de um projeto político-pedagógico entendido como atividade, dadas as condições objetivas de trabalho. Mesmo produzindo uma forma institucional de organização do trabalho pedagógico, nem todos professores da escola tinham clareza dessa forma e consciência dos fins das ações componentes da atividade pedagógica. Embora o trabalho coletivo fosse uma meta, planejar as ações pedagógicas raramente era uma atividade dos professores em conjunto. A atividade pedagógica escolar encontrava-se fragmentada e, por vezes, dissonante dos motivos individuais da atividade profissional dos professores.

É fundamental ressaltar o quanto as condições objetivas de trabalho restringem a constituição da consciência docente integral: classes lotadas, extensa jornada de trabalho, baixos salários, muitas faltas docentes, dia-a-dia escolar atribulado, solidão em sala de aula, excesso de barulho, burocracias são os elementos principais que constituem o conjunto de tais condições. Diante desse panorama, os professores sucumbem, adoecem, por vezes desistem de ensinar. Nesse cenário, como resistir à ruptura entre o significado e o sentido pessoal atribuído à atividade pedagógica?

Se nos ativermos apenas às condições objetivas de trabalho, as perspectivas de superação da alienação na atividade pedagógica são insignificantes. Torna-se necessário analisarmos as contradições produzidas na escola indicativas de uma outra organização escolar, diferente da que está posta. Assim, é importante salientar os momentos, ainda que incipientes, nos quais os professores estabelecem relações conscientes com o gênero humano e compreendem a si e ao mundo social para além da relação entre o singular e o particular, isto é, entre indivíduo e sociedade.

Nessa perspectiva, contraditoriamente, vimos professores buscarem formas mais humanas e humanizadoras de conduzir sua atividade pedagógica e organizar suas ações na escola. Observamos docentes desdobrarem-se para planejar as aulas mesmo diante da grande carga horária de trabalho. Assistimos a professores refutando os discursos ideológicos que culpabilizam o aluno e a família pobre pelo fracasso escolar. Vimos tentativas de produzir um trabalho verdadeiramente coletivo. Em síntese, observamos a luta diária e incessante de grande parte dos docentes por uma escola pública de qualidade e por um trabalho pedagógico menos alienado. Acreditamos que as contradições elencadas, quando são desveladas e apropriadas pelo corpo docente da escola, podem tornar-se instrumentos de superação da fragmentação do trabalho escolar e são elementos de construção do projeto político-pedagógico.

Ao falarem do seu trabalho, os professores denunciavam a fragmentação da atividade pedagógica e de sua vida como um todo. Expressavam em suas ações e no discurso sobre sua prática diversas rupturas: entre os motivos da atividade e os fins das ações; entre o que se projeta e os resultados alcançados; entre seus projetos de vida e de educação e o projeto educacional em vigência. Essas cisões são sentidas na forma de frustração, impotência e, no limite, levam ao adoecimento físico e psicológico.

Por outro lado, foi possível reconhecer que há contradições no trabalho pedagógico e na organização social em que a escola está inserida reveladoras de possibilidades de superação da alienação. Para tanto, é necessário que os professores em conjunto possam transformar seus motivos individuais em motivos coletivos e, dessa forma, possam engajar-se na construção de planos de ações destinados a garantir que os alunos apropriem-se do conhecimento universal. Assim, os docentes podem colocar a educação como condição indispensável para a formação do humano-genérico e criar espaços de resistência à fragmentação do trabalho pedagógico. Concomitantemente, é fundamental a luta dos professores por espaços em que possam estabelecer uma relação consciente com a universalidade dos seres humanos, para além da relação singular-particular.

Entretanto, não basta somente a força de vontade individual dos professores para a superação da alienação. Esta acontece em bases objetivas, que devem ser construídas na luta dos docentes e da sociedade civil em coletividade por uma educação pública de qualidade, o que inclui a criação de condições históricas para que o processo de superação da sociedade capitalista possa ser desencadeado. Nessa perspectiva, deve-se ressaltar o papel dos movimentos sociais e sindicais que lutam pela construção de uma sociedade justa e humana, pois a superação da alienação no trabalho pedagógico exige mudanças nas condições objetivas de trabalho: melhor remuneração; menor jornada de trabalho; orçamento público adequado e suficiente para a educação; autonomia pedagógica, administrativa e financeira às escolas; infra-estrutura escolar apropriada; acesso a recursos materiais e didáticos. Tudo isso requer políticas públicas educacionais direcionadas à valorização da escola pública e dos que estão vinculados a ela, isto é, um projeto político- pedagógico cuja meta central seja a emancipação humana.

Apresentamos uma breve síntese de nossa pesquisa com a expectativa de contribuir na reflexão sobre os instrumentos de superação da alienação que permeia não só o trabalho, mas a vida inteira dos homens inseridos na sociedade capitalista. Acreditamos que a construção do projeto político-pedagógico não só da escola, mas também dos sistemas educacionais - entendido como atividade configura-se como elemento de humanização docente e, potencialmente, de resistência à desintegração entre o significado social e o sentido pessoal atribuído à atividade pedagógica. Ressaltamos, assim, a importância dos espaços coletivos de discussão dos professores que tenham como meta refletir e propor ações visando à apropriação do conhecimento acumulado pelos estudantes.

Referências bibliográficas

ANDRÉ, Marli Eliza Dalmazo Afonso de. *Etnografia da prática escolar.* São Paulo: Papirus, 1995.

ARAÚJO, Elaine Sampaio. *Da formação e do formar-se: a atividade de aprendizagem docente em uma escola pública.* São Paulo, 2003, 173p. Tese (Doutorado). Faculdade de Educação, Universidade de São Paulo.

ARAÚJO, Elaine Sampaio; CAMARGO, Rosa Maria de; TAVARES, Silvia Carvalho Araújo. A formação contínua em situações de trabalho: o projeto como atividade. *In*: XI ENCONTRO NACIONAL DE DIDÁTICA E PRÁTICA DE ENSINO (ENDIPE), 2002. Anais. Goiânia. 1 CD.

ASBAHR, Flávia da Silva Ferreira. *Sentido pessoal e projeto político-pedagógico: análise da atividade pedagógica a partir da psicologia histórico-cultural.* São Paulo, 2005. Dissertação (Mestrado). Instituto de Psicologia, Universidade de São Paulo.

CARRER, Andrea Câmara. *A construção do projeto político pedagógico do CEFAM Butantã: um exercício de autonomia escolar?* São Paulo, 1999, 175p. Dissertação (Mestrado). Faculdade de Educação, Universidade de São Paulo.

DAVIDOV, Vasili. *La enseñanza escolar y el desarrollo psíquico: investigación teórica y experimental.* Moscu: Editorial Progresso, 1988.

EZPELETA, Justa. *Pesquisa participante*. São Paulo: Editora Cortez, 1989.

GADOTTI, Moacir. Projeto político-pedagógico da escola cidadã. *In*: Secretaria de Educação a distância. *Salto para o futuro: construindo a escola cidadã, projeto político-pedagógico*. Brasília: Ministério da Educação e do Desporto, SEED, 1998.

LEONTIEV, Alexis. *O desenvolvimento do psiquismo*. Lisboa: Horizonte Universitário, 1978.

_____. *Actividad, conciencia e personalidad*. Havana: Editorial Puebloy Educacion, 1983.

MOURA, Manuel Oriosvaldo de. *O educador matemático na coletividade de formação. Uma experiência com a escola pública*. São Paulo, 2000, 131p. Tese (Livre Docência). Faculdade de Educação, Universidade de São Paulo.

PADILHA, Paulo Roberto. *Planejamento dialógico: como construir o projeto político da escola*. 2ª ed. São Paulo: Editora Cortez/Instituto Paulo Freire, 2002.

RIOS, Terezinha Azeredo. *Ética e competência*. São Paulo: Editora Cortez, 1994 (Coleção Questões de nossa época, v. 16).

ROCKWELL, Elsie. *Reflexiones sobre el processo etnográfico*. Departamento de Investigaciones Educativas. México, Centro de Investigación y de Estudos Avançados, 1987. Mimeo.

SERRÃO, Maria Isabel Batista. *Estudantes de Pedagogia e a "atividade de aprendizagem" do ensino em formação*. São Paulo, 2004. Tese (Doutorado). Faculdade de Educação, Universidade de São Paulo.

SILVA, V. D. *Projeto pedagógico da escola pública: elementos para sua compreensão*. São Paulo, 2001. Dissertação (Mestrado). Faculdade de Educação, Universidade de São Paulo.

SME/SÃO PAULO – *EducAção* 2 – Caderno de Educação, 2. jun. 2001.

_____. – *EducAção* 3 – Caderno de Educação, 3. jan. 2003.

_____. – O projeto político-pedagógico e o movimento de reorientação curricular, fev. 2003.

TAVARES, Silvia Carvalho Araújo. *A profissionalidade ampliada na atividade educativa.* São Paulo, 2002, 152p. Dissertação (Mestrado). Faculdade de Educação, Universidade de São Paulo.

VASCONCELLOS, Celso dos Santos. *Planejamento: projeto de ensino-aprendizagem e projeto político pedagógico.* São Paulo: Libertad, 1999.

VEIGA, Ilma Passos Alencastro (org.). *Projeto político-pedagógico da escola: uma construção possível.* 15ª ed. Campinas: Ed. Papirus, 1995.

Encontros e Desencontros Entre os Discursos Sobre o Professor Coordenador Pedagógico e sua Prática[1]

Marcelo Domingues Roman[2]

Introdução

A implantação da função de professor coordenador pedagógico (PCP) em toda rede estadual de ensino paulista, ocorrida em meados de 1996, é, no mínimo, intrigante. Não só porque escancara, aos desavisados, o fato de que por muito tempo as escolas estaduais paulistas funcionaram, no geral, sem coordenação pedagógica até então, mas também, e sobretudo, porque criou uma situação em que governo, sindicato e pesquisadores chegaram a compartilhar a mesma ilusão: a de que o PCP, por si, seria um elemento deflagrador de grandes transformações na escola.

Os discursos desses três agentes sociais diferenciam-se entre si de acordo com a visão peculiar e intrínseca que cada um detém do objeto. Porém, todos parecem apanhados por uma teia ideológica que em certo âmbito os confunde, chegando a colocar na mesma posição antagonismos históricos, como o governo e o sindicato. Enredados pela virtualidade das idéias, esses discursos somente podem encontrar sua verdade no concreto, no modo como se dão as relações

---

[1] A pesquisa que deu origem a ese capítulo contou com auxílio financeiro da FAPESP.
[2] Doutorando e Mestre em Psicologia Escolar e do Desenvolvimento Humano pelo Instituto de Psicologia da Universidade de São Paulo. e-mail: mdr@usp.br

institucionais no cotidiano escolar. A intenção deste capítulo é inter-relacionar esses discursos e remetê-los aos resultados de um estudo de caso etnográfico em que foram documentadas as agruras que o PCP enfrenta em sua rotina de trabalho (ROMAN, 2001).

Versão Oficial

A Secretaria de Educação do Estado de São Paulo, por meio da Resolução n° 28, de 4 de abril de 1996 (São Paulo, 1996), instituiu a função de professor coordenador pedagógico para todas as escolas da rede estadual que contivessem no mínimo doze classes funcionando em um ou mais períodos. Na resolução é ressaltada a importância do

> [...] processo de construção coletiva do projeto político-pedagógico das escolas [...], da articulação e da integração das ações pedagógicas [...], do planejamento, acompanhamento e avaliação dos projetos de reforço e recuperação da aprendizagem [...], de um trabalho articulado entre unidade escolar e o Sistema de Supervisão e a Oficina Pedagógica da Delegacia de Ensino (*id.*, *Ibid.*, p. 105).

O PCP viria para zelar pelo cumprimento dessas atribuições, consideradas como indispensáveis ao momento histórico que a educação pública paulista estaria atravessando. Essas quatro atribuições citadas acima podem ser sintetizadas em duas frentes pelas quais o PCP trabalharia: a democratização da escola por meio da construção do trabalho coletivo organizado e a articulação da unidade escolar com as novas diretrizes propagadas pelo sistema de ensino. Quanto a essas novas diretrizes, a lei faz menção apenas às relacionadas ao processo de avaliação e progressão estudantil, mas elas integram um grande conjunto de novas práticas que os órgãos superiores buscam implementar.

A resolução não restringiu a ocupação da função a pedagogos. Qualquer educador que contasse, no mínimo, com três anos de experiência na escola pública poderia se candidatar. Os candidatos foram submetidos a um teste de múltipla escolha, elaborado pela Secretaria de Educação e aplicado pela então Delegacia de Ensino, para comprovarem seus conhecimentos a respeito dos autores e documentos que a resolução trazia em anexo como bibliografia. A qualquer candidato que viesse se atualizando em relação à leitura de autores comprometidos com uma educação dita progressista, a lista de autores da bibliografia pareceria familiar: Selma Garrido Pimenta, José Cerchi Fusari, Cipriano Luckesi etc. Aos menos envolvidos com esse tipo de leitura, alguns títulos chamariam atenção pelo mesmo caráter progressista: "A escola de cara nova", "Escola em Movimento", "É proibido repetir", "A formação continuada de professores no cotidiano da escola pública" etc.

Ao candidato que acertasse pelo menos 50% dos testes, era pedido que formulasse, por escrito, uma proposta de trabalho adequada à realidade da unidade escolar pleiteada para exercer as funções de coordenação. O candidato deveria então "diagnosticar" os pontos críticos do processo ensino-aprendizagem na escola, sugerir, a partir deste diagnóstico, atividades de superação dos problemas detectados e determinar as formas pelas quais o projeto pedagógico da escola poderia ser avaliado. Os projetos de reforço e de recuperação da aprendizagem e as atividades de trabalho coletivo deveriam também ser incluídos na proposta do candidato como objetos de avaliação e acompanhamento. Essa proposta seria apresentada ao corpo docente da escola, que iria escolher, dentre as apresentadas, a que mais lhe satisfizesse. Uma vez escolhida, esta teria de ser ainda ratificada pelo Conselho de Escola. Somente depois de cumprir essas etapas, o candidato poderia ser designado PCP pelo diretor da escola.

O mecanismo da escolha do PCP assumiu nas letras da resolução feições democráticas: sua proposta de trabalho deveria partir dos problemas reais do cotidiano escolar e apresentar soluções. A necessidade de inclusão, no entanto, dos projetos de reforço e de recuperação da aprendizagem na proposta do candidato parecia anunciar sua inutilidade: o que seria cobrado do PCP seria a implantação dessas inovações, além de outras também defendidas pelos órgãos superiores, ou seja, sua proposta estaria facilmente destinada a ser esquecida no fundo de uma gaveta.

De imediato, o ingressante tinha como tarefas coordenar as Horas de Trabalho Pedagógico Coletivo (HTPCs) e freqüentar reuniões na chamada Oficina Pedagógica. As HTPCs haviam sido instituídas no final do ano precedente[3] e mesmo sem coordenação vinham ocorrendo. A Oficina Pedagógica era coordenada por supervisores de ensino ou professores designados e tinha como foco a difusão de novas medidas propagadas pelo sistema de ensino, acentuando o papel do PCP como elo entre essas medidas e a realidade escolar.

Fortalecendo sua aparência democrática, determinava-se que o exercício da função de PCP deveria ser de um ano, ao término do qual o Conselho de Escola deveria reunir-se e, mediante avaliação, prorrogar ou não o exercício da função pelo profissional que a vinha desempenhando. Aproximadamente um ano após a designação dos primeiros PCPs, a Resolução n° 76 da Secretaria de Educação do Estado de São Paulo, de 13 de junho de 1997 (São Paulo, 1997), regulamentava a continuidade do processo de avaliação e escolha dos PCPs. Curiosamente, essa resolução definia como função do PCP a atuação no "processo de articulação e mobilização da equipe escolar na construção do projeto Pedagógico da unidade escolar" (*id., ibid.*, p. 97), priorizando, em tese, o trabalho coletivo local e deixando de mencionar os projetos e inovações propagados pelo sistema educacional. A bibliografia para a prova escrita também se modifica, restringindo-se em número de obras, parecendo ressaltar a questão da avaliação escolar e progressão estudantil e abolindo as obras que abordava, pelo menos em seus títulos, a gestão escolar, a formação continuada e a didática. Podemos pensar que, se os projetos de reforço e recuperação da aprendizagem deixam de figurar explicitamente como funções do PCP, eles tornam-se base teórica e implícita, indiscutíveis, portanto, no emprego deste profissional. Esses projetos, enquanto mecanismos da chamada *progressão continuada* (uma das

---

[3] Resolução S.E. n° 273 de 15/12/1995.

vigas mestras da política estadual governista), constituem fortes marcas da implantação do PCP.

Uma pesquisa bibliográfica sobre a história da coordenação pedagógica na rede estadual paulista demonstra que essa função sempre guardou fortes relações com políticas educacionais que os órgãos superiores do sistema buscam implementar no funcionamento de suas escolas. Tanto reorientações abrangentes do sistema de ensino – como as promovidas pela 1ª. LDB ou pela Lei nº 5.692/71 – quanto projetos pedagógicos de maior ou menor alcance – como o Projeto Ciclo Básico ou o Escola Padrão – trouxeram consigo um profissional de coordenação pedagógica. Resistências docentes às transformações apregoadas pelo sistema, má definição de funções e oscilação no organograma escolar também são características sempre presentes no estudo histórico dessa função. Seria possível estabelecermos relações entre essas características tão freqüentes?

A distância entre os órgãos planejadores do sistema educacional e as escolas, distância esta criada a partir de uma intensa dicotomização do trabalho pedagógico, forçaria o estabelecimento de um elo de comunicação entre as instâncias planejadoras e os trabalhadores diretamente ligados à prática. Somente a partir desse elo é que as mudanças poderiam ser implementadas. O elemento de coordenação representaria em grande parte esse elo, sujeito a flutuações político-administrativas. Cada gestão, ao ocupar os cargos políticos da administração educacional, esforça-se por imprimir suas marcas no sistema, seja por fins populistas, seja pelos traços ideológicos que cada gestão possui. A descontinuidade dos projetos, que se confunde com a inconstância da importância atribuída às funções de coordenação pedagógica no sistema, provavelmente é um dos fatores que estimula a resistência dos professores às mudanças, mas está longe de ser o único. A organização hierárquica do sistema, que tenta impor verticalmente novas diretrizes para a prática docente, é outro dos fatores. A resistência às mudanças se traduz diretamente em resistência às funções do coordenador, cuja presença na escola representa em si uma mudança a ser alvo de conflitos. A indefinição das funções do coordenador pode ser concebida simultaneamente tanto como precedente quanto como resultante desse encontro conflituoso entre as prescrições dos órgãos planejadores e o cotidiano escolar. Por um lado, pode-se depreender que as atribuições de cada novo coordenador implantado na rede apresentam o perfil do projeto que o acompanha. Não existe "o" coordenador pedagógico (e suas respectivas funções claramente delimitadas), mas o coordenador do projeto x, ou y, ou z... Falar da falta da definição de suas atribuições, nesse caso, seria remeter-se diretamente a cada projeto e ao intenso tráfego (de mão única) de "novas" propostas pedagógicas que invadem a escola periodicamente. Por outro lado, o espaço de atuação do coordenador constrói-se, efetivamente, a partir do encontro entre as mudanças propagadas pelo sistema e a escola, de como esta última apropria-se de tais mudanças e as incorpora ao seu cotidiano.

Versão sindical

Considerada como uma grande conquista pela categoria docente, a implantação dos PCPs recebeu amplo apoio da Associação dos Professores do Ensino Oficial do Estado de São Paulo (APEOESP). A preocupação do sindicato em assegurar efetivamente a função do PCP traduziu-se em uma série de encontros e publicações destinados à formação dos professores que estavam ingressando na função. Das duas frentes de trabalho discriminadas na resolução que a instituiu – a construção do trabalho coletivo e a implementação de mudanças provenientes dos órgãos superiores – o sindicato por certo iria privilegiar a primeira, entendida como sustentáculo da democratização da escola pública e da melhoria da qualidade de ensino. A APEOESP faz do trabalho coletivo a principal bandeira empunhada pelo PCP. Este deveria então implantar e consolidar o trabalho pedagógico coletivo em sua escola, trabalho este entendido como co-gestão do planejamento e das práticas pedagógicas. O PCP deveria "ser o articulador dos diferentes segmentos da escola na elaboração de um projeto coletivo, contribuindo para o fortalecimento da escola pública como um espaço democrático de educação" (APEOESP, 1996b, editorial).

Admitindo a dificuldade da tarefa e buscando estimular a construção da função a partir da prática escolar, o sindicato organizou a realização de reuniões entre os novos PCPs para troca de experiências, visando tornar esta prática o carro chefe da formação desses profissionais (VALENTE, 1996). Das reuniões, seminários e textos recolhidos, foi elaborada uma série de publicações com o título *Caderno de formação*, cujos cinco primeiros números foram dedicados exclusivamente ao PCP, visando estabelecer assim, desde o início da implementação da função, uma via direta de comunicação a fim de "articular o aprimoramento pedagógico à formação sindical" (APEOESP, 1996a, editorial).

O texto sindical que comemorava o ingresso efetivo dos PCPs nas escolas desnudava, já em seu título, a natureza paradoxal da função: "Não ser e ser: o desafio do professor-coordenador-pedagógico" (*id., ibid.*). A ambigüidade que esse título encerra refere-se à falta de identidade profissional e de perfil bem definido para a função. A pouca definição de suas atribuições, alerta o sindicato, favoreceria os desvios de função: ao PCP é pedido que faça qualquer coisa, que preencha as dificuldades da escola. Buscando prevenir grandes confusões de papéis, a publicação defendia que o PCP necessariamente teria de se valer de uma compreensão da totalidade escolar, a fim de apreender os espaços em que poderia estimular e coordenar a formação contínua dos docentes. Aparece, desde o início, a formação contínua como uma das grandes funções do PCP. Acostumado ao controle da estruturação tecnicista e, posteriormente, ao espontaneísmo das apropriações da contra-reforma interacionista, o professor devia ainda ser formado para trabalhar coletivamente. Essa formação, que deveria ser contínua e, a partir de certo ponto se confundiria com a própria gestão do trabalho coletivo, deveria ter como ponto de partida e de chegada a formação dos alunos. O PCP deveria estimular e estruturar a troca de experiências entre os professores, lançando as bases para se alcançar a tão almejada interdisciplinaridade. O corpo docente, por meio da troca de saberes *sobre* a prática e *na* prática, estabeleceria progressivamente o trabalho coletivo imprescindível à democratização do ensino público. Como podemos perceber, ao PCP era determinado o cumprimento de uma tarefa hercúlea: "possibilitar a integração das chamadas ciências da natureza, ciências da terra, ciências do homem, os saberes éticos e estéticos para a compreensão mais completa dos fatos e fenômenos de que se ocupam os programas escolares" (*id., ibid.*, p.4).

Sendo eleito pelos seus pares, o PCP não é um pedagogo, apesar de poder sê-lo. Continua sendo um professor, tal como consta no nome de sua função, mas não ministra mais aulas (apesar de poder fazê-lo). Afastado das funções docentes, sua permanência na coordenação pedagógica depende do aval do Conselho de Escola e, principalmente, de suas relações com a direção, que geralmente exerce forte influência sobre o Conselho e de quem depende legalmente sua designação para ocupar a função. Tudo isso acaba por atribuir ao PCP uma posição ambígua: próximo da função docente por sua posição no organograma da instituição, atraído pelos desvios de função que a estrutura burocrática lhe impõe, requerido pelos órgãos superiores como agente inovador e conclamado pelo sindicato como um dos pilares da *reinvenção* da escola[4].

A fim de orientar a realização de tão importante quanto difícil tarefa, o primeiro número da série "Caderno..." (*id.*, 1996b) oferecia sugestões práticas de trabalho aos 10 mil PCPs que ingressavam nas escolas. Nos encontros, a grande demanda que os PCPs apresentaram referia-se à questão metodológica, ou seja: como implementar na prática o que as teorias defendiam? A interdisciplinaridade, o trabalho coletivo, a reformulação dos currículos das diversas disciplinas, o aperfeiçoamento em relação aos métodos de ensino, tudo isso era visto como necessário à construção da boa qualidade do ensino

---

[4] O projeto de formação docente da APEOESP, que se iniciava enfocando o PCP, era denominado "Reinventando a escola: a construção da prática pedagógica coletiva".

público. O que não se sabia era como trabalhar por esses objetivos em face da estrutura precária que as escolas ofereciam e da cultura individualista que em seu interior reinava. Os PCPs revelaram, na série de encontros promovidos pelo sindicato, que não tinham clareza quanto às suas competências, que não sabiam ao certo que espaços dentro da escola serviriam às suas intervenções, que outros espaços deveriam ser criados e, afinal de contas, que intervenções seriam estas, concretamente. Atento a estas demandas, o sindicato apresentava uma proposta de organização para o início do trabalho desses profissionais.

O segundo "Caderno..." (*id.*, 1996c) fundamentava a valorização do cotidiano escolar como domínio da formação docente e do PCP e, simultaneamente, defendia algo visto como hostil por grande parte desse cotidiano. O segundo texto desse "Caderno..." argumentava em favor da superação da reprovação escolar. A combatividade desse texto era claramente uma resposta à enorme resistência que os docentes apresentam em relação à abolição da reprovação escolar. Esta abolição é uma das inovações, também defendida pelos órgãos centrais do sistema educacional, pela qual os PCPs devem trabalhar. Em geral, os professores tendem a se utilizar da ameaça de reprovação como garantia de que o aluno mantenha o interesse e o respeito em sala de aula. Além disso, os professores se defendem dizendo que devem ter o compromisso ético de evitar que o aluno despreparado seja promovido para a próxima série, garantindo desta forma certa homogeneidade na série subseqüente e justiça para com os alunos realmente merecedores de aprovação. O texto reunia vários argumentos contra a utilização da reprovação; todos eles, basicamente, tinham como pressuposto a responsabilização da escola, e não do aluno, pelo fracasso escolar. Uma importante precaução, entretanto, era tomada pelo autor: não se podia deixar que a superação da reprovação se tornasse estratégia eleitoreira ou demagógica dos dirigentes do sistema educacional. Forçando a baixa vertiginosa da reprovação, corria-se facilmente o risco de ignorar o zelo pela qualidade do ensino oferecido. Para a superação desse problema, propunha-se que o compromisso com a aprendizagem não fosse, de forma alguma, abalado, que qualquer implantação de inovações fosse gradativa e contasse com a participação docente, que as transformações no tocante ao sistema de avaliação e progressão estudantil viessem acompanhadas de outras frentes de luta – melhores salários, menor número de alunos por classe, mais horas remuneradas de trabalho, melhores instalações e equipamentos etc. Um embate entre tendências progressistas e apegos a antigas formas de exercício do poder docente havia sido empreendido; sua trégua seria a luta pela valorização das condições de trabalho.

O terceiro Caderno de Formação (APEOESP, 1997a) tematizava a participação do PCP no processo de planejamento escolar. Apresentava, além disso, um texto a respeito da construção do trabalho coletivo, informes sobre a vida funcional do PCP e uma entrevista com um geneticista mineiro, sob o título: "O que esse artigo tem a ver com o cotidiano da escola?". Este último certamente nos intriga e destoa do caráter prático e propositivo assumido pelo sindicato. Dando continuidade à discussão sobre avaliação e progressão estudantil, a entrevista assegurava que a genética havia comprovado biologicamente que as raças humanas têm a mesma capacidade cognitiva. O Caderno propunha que o PCP discutisse a entrevista com o corpo docente, como se ali fossem apresentadas provas esmagadoras de que os alunos da rede pública não aprendem por causa das dificuldades da própria escola. O fato de recorrer a "descobertas" da Ciência Biológica para esse fim é, no mínimo, curioso; no fundo, é paradoxal.

O quarto Caderno de Formação (APEOESP, 1997b) trazia propostas de estruturação das HTPCs e pregava a integração entre o PCP e o RE (representante de escola, agente de base do sindicato). Esta integração dar-se-ia quando as discussões esbarrassem nas más condições de trabalho docente, ou seja, continuamente: o RE levaria então propostas do grupo à sub-sede do sindicato e/ou traria sugestões de intervenção.

As publicações da APEOESP em auxílio à formação do PCP caracterizam-se pela politização – como seria de se esperar – da inserção da função, por pretender apresentar propostas práticas e por valorizar as experiências docentes como produtoras de conhecimento local. Estas últimas características levariam o sindicato a embrenhar-se nos conflitos que o cotidiano escolar manifesta. Certamente, esses conflitos fazem com que suas propostas não sejam tão aplicáveis quanto desejadas. Também pelo sindicato, o PCP é visto como um grande catalisador de mudanças. Ao contrário de um agente que vem para implantar inovações propagadas pelo sistema educacional, o PCP, pelos olhos do sindicato, é quem poderá organizar, no chão da escola, a reconstrução do sujeito político, inserido num corpo docente sindicalizado e a serviço de uma educação que se autotransforme e torne-se capaz de contribuir para a transformação social. O cotidiano escolar, entretanto, resiste. O trabalho do PCP-transformador torna-se uma tarefa extremamente complexa, improvável e facilmente assimilável pela burocracia cotidiana ou pela sobrecarga do funcionamento escolar[5]. Tentando desesperadamente evitar que o PCP cumpra sua sina, o sindicato estabelece os nortes que guiariam a função – além de guardião do trabalho coletivo, o PCP deve estimular a interdisciplinaridade e a formação contínua dos professores de sua escola – chegando inclusive a *negar*, apoiado na suposta eficácia da lei, sua indefinição:

> A função de PCP está prevista no Estatuto do Magistério Paulista, tendo sido regulamentada pela resolução S.E. 28, de 4 de abril de 1996, portanto, é uma função que está *totalmente* definida pela Legislação Estadual (APEOESP, 1997a, p. 17. Grifo nosso).

---

[5] O grande atarefamento dos funcionários na escola não é atual e se acentua com a política neoliberal de "Estado mínimo". Em algumas escolas, o coordenador pedagógico foi considerado luxo e uma diretora chegou a afirmar que o trocaria por dois escriturários... (CRUZ, 1981).

Versões acadêmicas

Dois anos após a implantação do PCP na rede pública de ensino paulista, foi publicada uma coletânea de artigos sobre o assunto. Esta foi a primeira de uma série de coletâneas – quatro, até o momento – que reuniria artigos de vários pesquisadores com o intuito de discutir a problemática envolvida na construção da função e elaborar propostas de trabalho.

Apesar de o sindicato abominar a indefinição de funções do PCP, há, entre os pesquisadores da área, quem defenda uma certa indefinição. MATE afirma que, apesar de toda a angústia proveniente de uma função mal definida e sujeita a "outras formas de poder e necessidades" (1998, p. 18), não se deve desejar que esta função caia no determinismo burocrático. Também valorizando os encontros para troca de experiências, os PCPs, segundo a autora, estariam aprendendo a fazer o cotidiano, criando um espaço de criatividade e evitando assim que uma definição institucional da função passe por cima de especificidades culturais, profissionais etc. Seria como se os PCPs fossem, de certo modo, "abandonados" pela instituição, estabelecendo assim um espaço dentro do qual pudessem se movimentar com relativa liberdade e criar seu âmbito de trabalho. Teria sido também um certo "abandono" que criara as condições para o sucesso do Projeto Noturno e de seu respectivo coordenador pedagógico (ALMEIDA, 2000): ainda que os professores reclamassem que os órgãos superiores tivessem deixado de prestar qualquer assessoria, este foi um fator decisivo para proporcionar as condições para o exercício, mesmo que forçado, de autonomia.

Naturalmente, além do "abandono" estatal, muitos outros fatores são necessários para o estabelecimento dessa autonomia relativa: a capacidade do PCP de driblar as tarefas administrativas, burocráticas e disciplinadoras que comumente lhe são imputadas, a força com que essas tarefas pressionam seu cotidiano de trabalho, a quantidade de funcionários na escola que acabam realizando a contento essas tarefas e liberam-no assim para a realização do trabalho essencialmente pedagógico, a qualidade de sua relação com a direção e o corpo docente, sua formação, motivação, habilidade de coordenar grupos, em lidar com conflitos etc.

Os conflitos inerentes ao cotidiano escolar seriam, segundo BRUNO (1998), provenientes basicamente do choque de expectativas dos sujeitos envolvidos: o que se espera e cobra-se do outro não condiz com o que esse outro faz e pensa sobre o que deve fazer. A solução apontada pela autora seria que cada um pudesse tornar públicos seus desejos, convicções, princípios e que estes pudessem ser discutidos e conseqüentemente transformados pelo grupo. Para isso, as pessoas teriam de amadurecer para tornarem públicas suas expectativas e participarem do confronto (saber ouvir, criticar construtivamente etc.). O PCP teria papel fundamental nesse processo como favorecedor da formação contínua do grupo, compreendendo seus movimentos e de seus participantes, valorizando suas experiências e colocando-as em contato com teóricos que abordassem os temas emergentes.

GUIMARÃES & VILLELA (2000) também partem do princípio de que a escola trabalha sobre o equívoco das funções mal-definidas e expectativas que não condizem com a realidade. Os autores defendem que o PCP deve ser capaz de identificar e corrigir distorções e para isso sustentam que ele planeje, o mais minuciosamente possível, seu trabalho. Questionários abertos e fechados, entrevistas, análise sistemática de documentos e "conversas informais aparentemente despretensiosas" (*id.*, 1998, p. 47) são evocados, entre outros, para a coleta de dados pelo PCP. Estes devem ser tabulados, servir para a construção de categorias, para produzir porcentagens e gráficos de barra, de linha ou setor. A análise e interpretação dos dados devem se materializar em relatórios a serem apresentados aos docentes no início do ano letivo. A apresentação desse diagnóstico deve confrontar as fantasias presentes no grupo, dissipá-las para evitar mal-entendidos, servir de norte para o planejamento das atividades de início de ano: a partir da caracterização de alunos novos e antigos – de seus *hobbies*, expectativas, disciplina para estudo etc. – o PCP deve proceder, obedecendo princípios científicos de distribuição, a montagem das salas, preparar os professores para a recepção dos alunos, planejar as atividades especiais dessa recepção, o primeiro dia de aula, a dinâmica de apresentação em sala, o reconhecimento da escola etc.

Esse estabelecimento de procedimentos específicos e complexos de avaliação, organização e controle do trabalho escolar certamente nos faz lembrar as fortes influências do tecnicismo em nossa educação. Seja por meio dessa estruturação excessiva, seja norteado por concepções não diretivas para a construção coletiva de um ambiente psicologicamente mais saudável e maduro, o trabalho do PCP, tal como defendido pelos autores acima, pautar-se-ia por solucionar e evitar os conflitos no interior da escola. Isolando o cotidiano escolar das condições históricas e sócio-políticas que concorrem para defini-lo, seus conflitos são psicologizados e entendidos como interpessoais; as dificuldades de transformação da prática docente são interpretadas como meras resistências a mudanças; as práticas confusas em que se transformam as inovações propagadas pelo sistema são atribuídas inteiramente aos docentes, acusados de serem especialistas em "mal-entendidos".

Não são poucos os autores que concentram sua atenção na unidade escolar, isolando-a em algum grau do restante do sistema de ensino e até de seu contexto político e sócio-histórico. A escola torna-se então a grande culpada pela precária situação educacional e persistente produtora de aberrações, que devem ali mesmo ser consertadas por meio de incansáveis intervenções no trabalho de quem supostamente as causa. A responsabilidade recai, quase que invariavelmente, sobre o professor. O PCP seria esse interventor, que quebraria resistências "desestabilizando" a prática docente arcaica e irrefletida (PLACCO & SARMENTO, 1998), que proporcionaria, aos professores iniciantes, maior segurança, formação e oportunidade de aprender com os mais experientes (FRANCO, 2000), que faria ser superado o receio que os professores têm em relação às novas tecnologias e, deste modo, ajudaria a escola a abrir suas portas à revolução paradigmática que a influência da informática na educação traria (SARMENTO, 2000), que organizaria as HTPCs com propostas práticas e eficientes, tornando-as produtivas e transformando-as em espaços de formação docente (BRUNO & CHRISTOV, 2000).

O discurso da APEOESP a respeito do PCP teve como principal tônica, como vimos, a democratização das relações escolares; o discurso acadêmico, por sua vez, em grande parte centrou-se na formação docente. Cada um desses discursos tendeu a conceber, portanto, o PCP de acordo com o objeto que lhe é familiar. Assim, FUSARI (1997) afirma:

> Analisadas as funções tanto de Supervisão, exercida nas D.E.s, como da Coordenação Pedagógica exercida nas escolas da rede estadual e municipal, identificamos algumas que de forma mais explícita e outras, de forma mais implícita, desempenhavam a tarefa de treinamento de professores em serviço (p. 54).

O autor defende que esse caráter formador já fazia parte do antigo inspetor escolar, concomitante à sua função de controle. Do mesmo modo, concebe que responderam pela formação docente diversos órgãos intermediários do sistema educacional que foram criados e extintos ao longo da história, sem nunca ter havido a estruturação de uma política de formação permanente. Esta formação, em serviço, e também chamada de educação continuada, teria sua chance de se consolidar na rede pública estadual por intermédio do trabalho do PCP.

Para CHRISTOV (1998), a educação continuada, função essencial do PCP, caracteriza-se por ocorrer em serviço – congressos, cursos, reuniões e HTPCs –, por ser imprescindível, pois o conhecimento transforma-se eternamente, e por estar diretamente ligada à prática docente. Pensar a ação para poder transformá-la: esta seria a natureza da formação contínua de docentes para GARRIDO (2000). Deve-se estabelecer um contrato de trabalho entre a escola e o professor, de modo a assimilar definitivamente à jornada de trabalho docente sua formação permanente. Isso não deixaria de responsabilizar o professor pela sua própria formação: o Estado deve oferecer condições para seu crescimento, mas não se pode esperar que tal crescimento se dê sem envolvimento e motivação do profissional (FUSARI, 2000).

Entretanto, as atividades de formação docente não têm ocasionado a transformação das práticas pedagógicas tal como esperado. Essa ineficiência deve-se em grande parte à desconsideração da prática cotidiana:

> Programas são definidos, cursos são desencadeados, conferências são proferidas, mas não se questiona para quem são dirigidos, quais as necessidades dos que deles participam, em que medida influenciam os professores a quem são destinados e como são traduzidos posteriormente em ações concretas nas escolas (PLACCO & SILVA, 2000, p. 29).

Além de desconsiderar a prática docente, essas atividades de formação comumente parecem ignorar as condições concretas de trabalho nas escolas públicas estaduais: muitas vezes não há como integrar as propostas apresentadas nessas atividades às condições reais que a escola apresenta. As políticas de formação docente têm, reiteradamente, desconsiderado a experiência cotidiana e suas demandas, bem como tentado impor vertentes, teorias e projetos apresentados enquanto inovações educacionais.

Freqüentemente, o PCP é levado a apresentar, nas HTPCs, um texto, ou resolução, ou portaria, ou discutir a respeito de determinado assunto, todos tratados em prévia reunião com supervisores de ensino. A formação docente ou educação continuada, como uma das principais atribuições do PCP, mais parece assemelhar-se a uma tentativa desastrada de adestramento e reforma por parte do sistema educacional.

A relação entre a implantação do PCP e a consecução de reformas por parte do sistema educacional divide desigualmente os pesquisadores estudados. A maior parte deles parece conceber as reformas como necessárias e bem-vindas em si, sem questionar a qualidade de cada uma das propostas veiculadas pelo sistema nem aprofundar a vinculação do conjunto dessas propostas ao contexto socioeconômico mais amplo. Dessa forma, o empenho do PCP junto ao Projeto Classes de Aceleração é indicado como um dos fatores decisivos para o sucesso do projeto enquanto mecanismo de eliminação de defasagem entre série e idade (ALMEIDA & PLACCO, 2003). O próprio projeto – como inserido em um conjunto de medidas sustentadas mais por argumentos econômicos de otimização do sistema educacional do que pela garantia da qualidade do ensino oferecido – não é, de forma alguma, questionado. MATE (2003), por sua vez, questiona o modo redentor como se apresentam sucessivas panacéias educacionais que tramitam por nosso sistema educacional por meio de uma já tradicional "cultura da reforma". Desenvolvendo visão mais crítica em relação aos autores que concebem o PCP como um preparador de terreno institucional para o florescimento das reformas, a autora o insere em um processo em que as reformas são definidas como formas históricas de acirramento do controle estatal sobre as práticas educacionais.

Concomitantemente, o que amiúde transparece nos relatos e estudos sobre as práticas escolares é um certo caráter de ingovernabilidade:

> [...] coordenadores pedagógicos apontam que as expectativas em relação ao seu desempenho, a falta de tempo, as inúmeras demandas do cotidiano e mesmo a falta de clareza em relação ao seu papel acabam por contribuir para que suas preocupações centrem-se mais na modificação urgente de situações, na rápida resolução de problemas e na prestação imediata de serviços (TORRES, 2003, p. 49).

De fato, abstraídas as especificidades de cada um dos artigos apresentados nas quatro coletâneas sobre a coordenação pedagógica, pode-se identificar um movimento de aprofundamento em relação à complexidade das relações institucionais por meio das quais a escola concretamente funciona. Esse percurso evidencia-se a partir dos títulos escolhidos para as coletâneas. O primeiro volume foi publicado com o título de *O coordenador pedagógico e a educação continuada*, definindo o que é idealmente tomado como função primordial do PCP e relacionando-a ao Programa de Educação Continuada (PEC), empreendido pelo sistema educacional. O título do segundo volume – *O coordenador pedagógico e a formação docente* – abandona os termos oficiais do programa, mas mantém o caráter formador da função, ou seja, se ainda estamos diante da crença de que o PCP é peça fundamental para resolver os problemas da escola pública, estes problemas estão relacionados à má-formação de seus docentes, que o PCP viria sanar. O terceiro volume – *O coordenador pedagógico e o espaço da mudança* – parece conservar a aposta em uma transformação cujo principal sujeito é o PCP, mas, deixando de se referir especificamente à formação, parece apontar outras mudanças que seriam necessárias para a melhoria da escola pública; e mais: há um espaço definido para que essas mudanças ocorram, ou seja, elas não se dão no vazio ou na forma fluida como as teorias as elaboram; elas são limitadas. O último volume – *O coordenador pedagógico e o cotidiano da escola* – parece indicar em seu título que coloca o PCP diante da dura realidade: a maioria de seus artigos busca dialogar com as exigências rotineiras do trabalho do PCP, passa a defender a hierarquização de prioridades e a buscar explicações mais aprofundadas para a dimensão conflituosa e/ou inconsciente das relações institucionais. Dessa forma, ainda que se postule a existência de um super-PCP, capaz de, apesar das adversidades, "planejar e acompanhar a execução de todo o processo didático-pedagógico da instituição", chegando inclusive a acompanhar atividades dos professores dentro de sala de aula (GEGLIO, 2003, p. 115), torna-se patente que este profissional não é senão apenas um dos infinitos fatores a concorrerem para que a realidade de cada escola seja como é.

O PCP e sua trama cotidiana

O contexto atual das políticas públicas para a educação, as características historicamente construídas do nosso sistema educacional e a intricada rede de conflitos que se manifestam na escola interagem para configurar o campo de forças em que o PCP busca construir seu espaço de atuação. A fim de vislumbrarmos como se dá a confluência desses fatores no cotidiano escolar, optamos por observá-lo, realizando um estudo de caso de tipo etnográfico, tal como definido por ANDRÉ (1995). Deste modo, acompanhamos, durante aproximadamente seis meses, o trabalho de dois profissionais que sucessivamente ocuparam a função de PCP no período noturno de uma escola na periferia da Grande São Paulo. Ao mesmo tempo em que os observamos, buscamos por um lado não interferir no desenrolar dos acontecimentos e, por outro, interagirmos com os sujeitos envolvidos, pretendendo saber o que estes pensavam e sentiam a respeito do que acontecia. Em um caderno utilizado como diário de campo, anotamos, à medida que os acontecimentos e conversas davam-se, palavras-chave, frases, impressões e detalhes que nos proporcionavam um roteiro seguro para elaborar, fora da situação de campo, um relato ampliado do vivido. Ao conjunto desses relatos ampliados somaram-se a coleta de documentos concernentes aos eventos observados e entrevistas gravadas com os PCPs, com professores e com a vice-direção – com o intuito de aprofundar a compreensão da rede de significações locais –, perfazendo um amplo conjunto de dados a partir do qual se deram nossas análises.

Nesse nível de análise em que nos colocamos, a instituição revela-se conflituosamente heterogênea, com múltiplos pontos de tensão. Ao mesmo tempo em que é submetido pelo atordoante estado de contínuo embate, o PCP busca, a partir da posição institucional que ocupa, sobreviver: *"La vida cotidiana de los hombres está completamente impregnada de la lucha por sí mismos que es al mismo tiempo una lucha contra otros"* (HELLER, 1987, p. 30). Por intermédio do PCP se transmitem e se efetuam poderes oriundos de outros lugares institucionais. Esses poderes concomitantemente o sujeitam e servem-lhe de apoio para o exercício de seu trabalho. Além disso, também estão presentes no trabalho do PCP – e no turbulento contexto em que ele se insere – potencialidades humanas reiteradamente sufocadas pelo funcionamento institucional, mas que não deixam de se manifestar.

Para HELLER (1972), o homem, em sua cotidianidade, tanto é entendido como ser particular, dotado de capacidades e interesses singulares e orientado para a consecução de sua própria vida, como é entendido enquanto ser genérico, representante da espécie e portador das potencialidades humanas, compartilhando com os outros homens todas as características desenvolvidas até então pela sua sociedade como um todo. A esfera cotidiana é, sobretudo, onde se dá o exercício da particularidade, da organização para a satisfação de necessidades básicas e de desejos. Apesar disso, o humano-genérico não deixa de se manifestar na vida cotidiana, pois não há um limite claro e estanque entre particularidade e genericidade; ambas se interpenetram e se inter-relacionam.

Quando buscamos delinear o espaço de atuação do PCP, interessou-nos investigar que aspectos de um processo de efetiva democratização da escola pública estavam presentes. Ao buscarmos indícios deste processo no cotidiano escolar, procurávamos aspectos da genericidade ali presentes enquanto elementos potenciais de superação da particularidade. Com isso, queremos dizer que os sujeitos no cotidiano escolar estão preponderantemente oprimidos por condições alienantes de trabalho, que os forçam a tornarem-se objetos do instituído. Diante de tal mecanismo, são impelidos a exercerem funções fragmentadas, heterônomas, cristalizadas em procedimentos automatizados e que exigem a atualização de parte, apenas, de suas potencialidades humanas. A efetivação dessas funções se dá por interesses particulares, de exercício laboral enquanto atividade de subsistência e reafirmação de poder pessoal. No entanto, a orientação por valores éticos, o exercício do trabalho criativo e a objetivação das capacidades intelectuais e intuitivas lutam, em meio à cotidianidade, por formas de manifestação.

E o que nossas observações de campo evidenciam? De imediato, a hipertrofia de uma das características mais marcantes da cotidianidade, ou seja, da *heterogeneidade*, o que se relaciona diretamente com um *pragmatismo* exacerbado. Ao nos colocarmos ao lado do PCP, nos intriga a versatilidade, a simultaneidade, o acúmulo de tarefas díspares que confundem o profissional e impedem-no de refletir com clareza, o desempenho de papéis definidos por outros nomes que não o de coordenação pedagógica: porteiro, recepcionista, almoxarife, bedel, executor de sanções disciplinares, secretário, *office-boy* interno, balcão de informações, capataz etc. Um de nossos sujeitos de pesquisa inicia assim sua entrevista: *"primeiro lugar... eu faço tudo... menos o serviço da coordenação..."*. Esta é uma das fortes marcas presentes não somente no trabalho do PCP, mas em todo funcionamento da escola: a educação, tarefa primordial da escola e de seu PCP, é atropelada por outros interesses e afazeres. Os PCPs sentem-se pressionados por uma ordem de eventos que os oprime, que privilegia o agir apressado em detrimento do pensar, que conduz à tentativa desesperada de organizar o caos que invade seu trabalho e força o afogamento de qualquer atividade educacional. Essa pressão, em ritmo alucinante, coloca o PCP em estado de constante alerta, de sobre-exposição fatigante a diversos e heterogêneos estímulos, de aumento de irritabilidade.

Sendo importante engrenagem dessa máquina que pulsa como se gozasse de relativa autonomia, o PCP é forçado a juntar-se ao fluxo de acontecimentos. Esse frenesi produz em muito, e incansavelmente, o que se propõe a abolir: ignorância. Imersos no interjogo fugidio de ações e coações, os educadores, sobre-explorados, apegam-se a formas de afirmação de espaço profissional mínimo e de garantia da subsistência, tanto material quanto de manutenção da integridade psíquica. Ainda que o funcionamento institucional em muito os sujeite e os embote a reflexão, não podem ignorar que contribuem para reproduzir uma educação tacanha. Evidentemente, essa constatação dispara o incômodo de se estar participando de algo parecido com um crime, justamente aquele que se instruiu e se esforçou para extinguir: a professora de Língua Portuguesa nos confessa, em desespero, que forma analfabetos.

Quanto mais o PCP conforma-se em não realizar tarefas pedagógicas, mais ele parece adequar-se ao que dele é esperado e mais é chamado a participar ativamente do turbulento jogo de forças entre os vários grupos e agentes no seio da escola. Essa participação significa esforçar-se por fazer cumprir as normas por alunos e professores, organizar o acesso diário de alunos à escola, administrar a ocupação de seus espaços, cadenciar a circulação de alunos e professores por seus corredores, conformar condutas, punir transgressores, sofisticar e aguçar os instrumentos de controle a fim de acompanhar o acirramento dos meios de transgressão.

A punição dá-se geralmente a partir de incitações docentes: a sala de aula é, por excelência, o lugar em que o embate entre a escola e seus alunos adquire suas formas mais agudas. O PCP, por sua vez, limita-se a conformar os casos de indisciplina segundo o trâmite usual de procedimentos sucessivos, preparando assim a documentação necessária ao processo de desresponsabilização da escola e de condenação da conduta individualizada do adolescente. Apenas de modo muito débil a indisciplina é associada ao próprio contexto escolar. A reação automática da escola em relação à indisciplina de seus alunos, longe de ser uma resposta de âmbito educacional, é a intensificação da repressão, a disseminação do controle, a sofisticação dos instrumentos de culpabilização do aluno. As punições multiplicam-se e transbordam da sala do PCP para as mãos dos docentes, que passam a contar com impressos amplamente distribuídos para esses fins. Alunos protestam, freqüentam semanas de quatro dias, invadem a escola, fogem dela, assistem aulas em classes em que não estão matriculados. São barrados, advertidos, fichados, arquivados, suspensos. Presas dos registros burocráticos, alunos correm o risco de passarem a ser valorizados pela escola, nos conselhos de classe, pelo que não transgrediram e não pelo que aprenderam. Ao aluno é imputada a culpa pelos efeitos de um sistema precarizado, de uma escola que ao se ver impossibilitada de cumprir a contento sua tarefa de ensinar, investe energias para livrar-se dessa responsabilidade.

Mas não estaria a implantação do PCP relacionada a uma série de inovações educacionais que o sistema buscaria imprimir? O *Caderno de Formação* n° 5 é dedicado a explicitar algumas dessas "inovações". Em seu editorial assume que a escola está recebendo uma porção de novidades e enumera-as:

> [...] reorganização do Ensino Fundamental por ciclos, progressão contínua dos alunos, [...] outro tipo de avaliação do rendimento escolar, flexibilização do ensino, salas-ambiente, parâmetros curriculares, avaliação institucional, [...], (e) a necessidade, colocada pela nova LDB, de que as escolas elaborem as suas propostas ou projetos pedagógicos, que serão a base referencial para a produção do novo Regimento Escolar (APEOESP, s./d., p. 4).

Educação para a cidadania, democratização da escola, descentralização, responsabilização do sistema educacional pelo fracasso escolar são temas que, entre outros, têm feito parte ultimamente, e de modo inédito, do discurso oficial sobre educação. Entretanto, uma análise pormenorizada revela que por trás deste discurso aparentemente progressista há uma função estritamente reprodutora da escola: ela deve servir ao mercado de trabalho, tal como vem se modificando, formando quem será por ele absorvido e fazendo se conformar quem será por ele marginalizado; determinando uma escola para dirigentes, e que podem por ela pagar, e outra para os que trabalharão em condições precárias, se o conseguirem; continuando a produzir fracassos, mas com mecanismos cada vez mais aprimorados de atribuição desses fracassos ao próprio indivíduo; exibindo roupagens democráticas e concomitantemente se especializando em práticas autoritárias cada vez mais sutis; difundindo uma visão de sociedade em que os conflitos sejam vistos apenas enquanto manifestações de sua heterogeneidade, e não de sua contradição interna, e pregando o exercício de uma cidadania "cognitiva", mais afeita ao Código de Defesa do Consumidor do que à luta política pela manutenção de direitos coletivos que diminuam as enormes disparidades sociais (ROMAN, 1999).

A importação de pacotes pedagógicos, que desconsideram a especificidade brasileira e funcionam como instrumentos de coerção e esmagamento de individualidades, reafirma-se como tradição em nossa política educacional. Traduzidos nos gabinetes e repartições em chavões neoliberais e anunciando práticas avessas à realidade, esses pacotes transitam pela estrutura institucional desfigurando-se. A escola é o último dos órgãos de uma estrutura burocrática, verticalizada, marcada, em toda sua extensão, muito mais pelas disputas internas de poder do que pela consecução de fins pedagógicos. A circulação de informações contamina-se por relações em que, comumente, o subordinado é depreciado e culpabilizado, e o superior representa alguém que se aprende a burlar. Buscando impor filosofias e práticas pedagógicas por decretos, essa estrutura "desnorteia professores, instala o caos no processo de ensino e estimula o apego, com renovado vigor, às práticas que se quer abolir" (PATTO, 2000, p. 142).

As reuniões de PCPs com supervisores pouco servem para compreensão; prestam-se mais à adoção de algumas abstrações e tentativa de banimento de outras. Ao PCP é possível detectar contradições no próprio corpo das idéias, pois nem seus superiores, dos órgãos técnicos e dirigentes, sabem ao certo do que falam. Mas é a escola que deve arcar com as conseqüências: costurar um discurso oco e traduzi-lo em prática.

Os mecanismos da chamada progressão continuada, por exemplo, multiplicam-se e confundem-se na prática cotidiana; exprimem uma determinação de extinguir a repetência e a disparidade idade/ série a qualquer custo, desprezando a *qualidade* de ensino e aprendizagem, que não aparecem nos gráficos oficiais[6]. A quantidade de nomes – reforço, recuperações paralela, contínua, de verão, de inverno – parecem querer impressionar pelo alto grau de especialização: um tipo de prática para cada modalidade de dificuldade escolar, para cada fase do ano letivo, em cada etapa do processo de ensino aprendizagem. Há uma série de sutilezas que se criam para ornamentar essas

---

[6] Esse tema será aprofundado no próximo capítulo deste livro, de Lygia de Souza Viégas.

GUIMARÃES, A. A. & VILLELA, F. C. B. O professor coordenador e as atividades de início de ano. *In*: BRUNO, E. B. G. *et. al. O coordenador pedagógico e a formação docente*. São Paulo: Loyola, 2000.

HELLER, A. *O cotidiano e a história*. Rio de Janeiro: Paz e Terra, 1972.

_____. *Sociologia de la vida cotidiana*. Barcelona: Península, 1987.

MATE, C. H. Qual a identidade do professor coordenador pedagógico? *In*: GUIMARÃES, A. A. *et. al. O coordenador pedagógico e a educação continuada*. São Paulo: Loyola, 1998.

_____. As reformas curriculares na escola. *In*: ALMEIDA, L. R. de *et. al. O coordenador pedagógico e o espaço da mudança*. São Paulo: Loyola, 2003.

PATTO, M. H. S. *Mutações do cativeiro: escritos de psicologia e política*. São Paulo: Hacker/EDUSP, 2000.

PLACCO, V. M. N. de S. & SARMENTO, M. L. de M. Outro jeito de dar aulas: orientação de estudos. *In*: GUIMARÃES, A.A. *et. al. O coordenador pedagógico e a educação continuada*. São Paulo: Loyola, 1998.

PLACCO, V. M. N. de S. & SILVA, S. H. S. da. A formação do professor: reflexões, desafios, perspectivas. *In*: BRUNO, E.B.G. *et. al. O coordenador pedagógico e a formação docente*. São Paulo: Loyola, 2000.

ROMAN, M. D. Neoliberalismo, política educacional e ideologia: as ilusões da neutralidade pedagógica como técnica. *Psicologia USP*. São Paulo, v. 10, n. 2, pp. 153-187, 1999.

_____. *O professor coordenador pedagógico e o cotidiano escolar: um estudo de caso etnográfico*. São Paulo, 2001. Dissertação (Mestrado). Instituto de Psicologia, Universidade de São Paulo.

SÃO PAULO. Secretaria de Estado da Educação – Coordenadoria de Estudos e Normas pedagógicas. *Legislação de Ensino Fundamental e Médio*. Resolução SE n° 28 de 4 de abril de 1996, vol. XLI, jan./jun. de 1996.

_____. *Legislação de Ensino Fundamental e Médio*. Resolução SE n° 76 de 13 de junho de 1997, vol. XLIII, jan./jun. de 1997.

SARMENTO, M. L. de M. O coordenador pedagógico e as novas tecnologias. *In*: BRUNO, E. B. G. et. al. *O coordenador pedagógico e a formação docente*. São Paulo: Loyola, 2000.

TORRES, S. R. Reuniões pedagógicas: espaço de encontro entre coordenadores e professores ou exigência burocrática? *In*: Almeida, L. R. de et. al. *O coordenador pedagógico e o espaço da mudança*. São Paulo: Loyola, 2003.

VALENTE, W. R. A formação em serviço do PCP a partir da troca de experiências como possibilidade para a produção de conhecimento. *In*: APEOESP. *Caderno de formação n° 2*. Troca de experiência: construção do conhecimento e aperfeiçoamento do trabalho do PCP. Projeto reinventando a escola: a construção da prática pedagógica coletiva. São Paulo, novembro de 1996.

REGIME DE PROGRESSÃO CONTINUADA EM FOCO:
BREVE HISTÓRICO, O DISCURSO OFICIAL E CONCEPÇÕES DE PROFESSORES

LYGIA DA SOUSA VIÉGAS[1]

Introdução

O presente capítulo apresenta algumas reflexões acerca do Regime de Progressão Continuada, valendo-se, para tanto, de uma breve perspectiva histórica, do discurso oficial e das concepções de um grupo de professores.

Implantada na rede estadual de São Paulo em 1998, esta política reorganizou o ensino fundamental em dois ciclos de quatro anos cada (Ciclo I: 1ª à 4ª; Ciclo II: 5ª à 8ª), nos quais não há retenção dos alunos, à exceção dos faltosos. A Progressão Continuada foi implantada visando, sobretudo, alterar os altos índices de reprovação, defasagem série/idade e evasão, que marcavam a história da educação pública paulista, e que vinham, há décadas, sendo apontados como grave sintoma de que a escola estava fracassando em seu objetivo.

De fato, a educação pública paulista, de modo semelhante à nacional, sempre foi marcada por duas grandes formas de exclusão: a "exclusão *da* escola", relativa ao não-acesso e à evasão; e a "exclusão *na*

---

[1] Psicóloga, Mestre em Psicologia Escolar e doutoranda no programa de pós-graduação em Psicologia Escolar e do Desenvolvimento Humano do Instituto de Psicologia da Universidade de São Paulo. Para a realização desta pesquisa, a autora contou com financiamento da FAPESP. *e-mail*: lyoviegas@uol.com.br

escola", mais sutil, relativa àqueles que estão matriculados na escola (sendo a reprovação uma importante marca)[2]. Análise dos índices oficiais denuncia que, até meados da década de 1990, a ampliação do acesso e permanência nas escolas ocorreu sem que muitos alunos ultrapassassem as séries iniciais, vivendo sucessivas retenções (SEE, 2000). Reflexo imediato dessa realidade era a defasagem série/idade, e, não raro, a evasão[3].

Com a implantação da Progressão Continuada, portanto, o poder público reconhecia que a inclusão no sistema escolar vai além da mera freqüência à escola, sendo necessário que a criança beneficie-se da escolarização. A reprovação, nesse sentido, é vista como reflexo da própria precariedade desse sistema. Para o Poder Público, ela é apontada, ainda, como ônus financeiro, por resultar em manter os alunos por (muito) mais tempo na escola.

Por esses motivos, a reprovação foi-se constituindo em importante temática na pauta de escolas, pais e profissionais ligados à elaboração de políticas públicas educacionais. Foi no bojo dessa preocupação que o governo do Estado de São Paulo implementou a Progressão Continuada. Trata-se de proposta inovadora? Breve apanhado histórico do percurso da idéia de abolir a reprovação no ensino fundamental público paulista revela que não.

O fim da reprovação no estado de São Paulo

A idéia de abolir a reprovação, como estratégia para *contornar* o problema dos altos índices de retenção, foi defendida por personalidades importantes no Brasil décadas antes de ser implantada pela

---

[2] O desdobramento do conceito de *exclusão escolar* em "exclusão *da* escola" e "exclusão *na* escola" foi feito, por exemplo, por FERRARO (1999), que ressalta que ambas têm presença marcante nas escolas públicas brasileiras. Também BOURDIEU aborda a exclusão que ocorre no interior das escolas francesas (1999).

[3] A evasão, de fato, não ocorre precocemente, sendo, ao contrário, fruto de anos de tentativas frustradas de escolarização; daí ela ser apontada como resultado de um processo de expulsão (RIBEIRO, 1991).

primeira vez. Na bibliografia nacional, há referências à adoção da chamada "promoção automática" que datam do início do século XX. Considera-se como marco a carta aberta de Sampaio Dória para Oscar Thompson, publicada em 1918, sugerindo uma "medida provisória" que ampliasse o acesso à escola, diminuindo o analfabetismo, sem aumentar os custos com a educação: "promover do primeiro para o segundo período todos os alunos que tiverem tido o benefício de um ano escolar, só podendo os atrasados repetir o ano, se não houver candidatos aos lugares que ficariam ocupados" (Sampaio DÓRIA, 1918, p. 65). Esta medida, segundo propunha, intentava não negar matrícula aos novos alunos por faltar vagas nas escolas "só porque vadios ou anormais teriam de repetir" (p. 78). Também Oscar Thompson, em 1921, quando Diretor-Geral do Ensino, teria sugerido a "promoção em massa" (Cf. Almeida JÚNIOR, 1957).

Embora tais menções tenham sido feitas no início do século XX, ou seja, na Primeira República, a idéia, ao que parece, não chegou a se concretizar, sendo retomada, ainda no plano teórico, na década de 1950, ou seja, no período do Desenvolvimentismo, destacando-se os artigos de Almeida JÚNIOR e Dante Moreira LEITE[4].

O artigo de AlmeidaA JÚNIOR foi publicado pela primeira vez em 1957 na *Revista Brasileira de Estudos Pedagógicos* sob o título "Repetência ou Promoção Automática?". Embora defensor da promoção automática, o próprio autor declarava ser esta uma proposta "cautelosa", receando mesmo que seu "precocínio puro e simples" gerasse no Brasil "maior alarma do que o causado pela Proclamação da República" (p. 3).

Como argumento favorável à promoção automática, o autor apresenta uma série de repercussões negativas da reprovação, destacando a *formação de classes heterogêneas quanto à idade, o desgosto da família, a humilhação da criança, a pouca ou nenhuma vantagem para o aluno*; a *estagnação na mesma série por anos a fio* e a *evasão*.

---

[4] Há, na década de 1950, outros artigos dedicados ao tema que foram publicados na *Revista Brasileira de Estudos Pedagógicos*, dentre os quais se destaca o escrito pelo então presidente JUSCELINO KUBITSCHEK (1957).

Também comparece como argumento o "prejuízo financeiro" da reprovação.

Almeida JÚNIOR menciona os *casos americano e inglês* como impulsionadores de sua crença na aplicabilidade da promoção automática. Quando traz suas reflexões acerca do que chama de "solução para São Paulo", no entanto, demonstra cautela:

> Convirá que adotemos desde já a promoção automática, na situação em que se acha o sistema escolar paulista? Não nos parece. Nem "a promoção em massa", nem a expulsão dos reprovados, nem tampouco, só por si, a promoção por idade cronológica. Esta última, que é, à primeira vista, a base da solução inglesa, em verdade representa – note-se bem – *o coroamento natural de um conjunto de medidas prévias*, que vieram atuando através de sucessivos anos de aperfeiçoamento. Imitemos a Inglaterra neste ponto, não há dúvida; mas imitemo-la *em toda a sua estratégia, e não apenas no desfecho*. Em outras palavras: no que concerne à educação primária, levemos o Estado de São Paulo, antes de mais nada, à situação que se achava aquele país europeu há cerca de quarenta anos, quando ali se iniciou a prática da promoção por idade cronológica (p. 11, itálicos meus).

Coerentemente, o autor sugere algumas condições necessárias para a promoção automática ser bem sucedida, argumentando sobre cada uma delas: *mudança da concepção do ensino primário; aumento da escolaridade primária; cumprimento efetivo da obrigação escolar; aperfeiçoamento docente; revisão dos programas e dos critérios de promoção.*

Outra importante referência da época é Dante Moreira LEITE, autor do ensaio "Promoção Automática e adequação do currículo ao desenvolvimento do aluno", publicado em 1959 e relançado após quarenta anos, em 1999, na revista *Estudos em Avaliação Educacional*.

Nesse ensaio, o autor critica a disseminação da reprovação escolar, considerada por ele como *inútil*. Em sua perspectiva, ela estaria calcada na *seletividade da escola*, na *crença nas classes homogêneas* e na *idéia de castigo e prêmio escolar*. LEITE propõe, pois, duas "medidas complementares" para mudar essa realidade: "um currículo adequado ao desenvolvimento do aluno" e a "instituição da promoção automática". Diz ele (p. 18):

> Se um currículo adequado exige a promoção automática, a recíproca também é verdadeira. De fato, introduzir a promoção automática sem, ao mesmo tempo – ou se possível, antes –, cuidar da adequação do currículo, significa retirar do sistema escolar atual a sua única motivação, sem nada introduzir em seu lugar.

O autor também indica algumas condições necessárias para o sucesso da promoção automática, nas quais se sobrelevam mudanças no papel dos professores e alunos. Destaca, ainda, a importância de divulgação e participação, defendendo:

> São inúteis as determinações feitas arbitrariamente por autoridades burocráticas, sem que os professores participem de amplo programa de discussão, no qual apresentariam dúvidas e sugestões. O programa da promoção automática estará destinado ao completo fracasso, se os seus executores (professores, diretores, inspetores) não estiverem convencidos de sua necessidade, assim como de suas limitações (p. 23).

Nota-se, portanto, que a *idéia* de instituir o ensino em ciclos nas escolas públicas de São Paulo remonta à Primeira República e ao Desenvolvimentismo. Sua primeira *implantação efetiva*[5], no entanto, só ocorreu em tempos de Ditadura quando, em 1968, foi instituída

---

[5] Vale mencionar a *implantação experimental* da "Promoção Automática" no Grupo Escolar Experimental da Lapa, no final da década de 1950 e início da década de 1960 (ANTUNHA, LOMBARDI e BUENO, 1961).

a Reforma do Ensino Primário (SEE, 1969), que, em resumo, trouxe mudanças em três frentes: na *seriação*; nos *currículos e programas* e na *orientação pedagógica*.

Com relação à seriação, os quatro anos do primário foram divididos em dois níveis, dentro dos quais não havia retenção de alunos (Nível I: 1ª e 2ª séries; Nível II: 3ª e 4ª séries). Também o papel da avaliação foi re-significado, visando agora a classificar e reagrupar alunos; o exame de promoção seria aplicado apenas nas mudanças de nível.

Como não poderia deixar de ser, a Reforma partiu de duras críticas à reprovação, vista como sinal da *incapacidade da escola*. Dentre suas *causas*, o documento oficial menciona a *falta de prontidão dos alunos*, o *despreparo dos professores* e a *inadequação do currículo*. A Reforma, por sua vez, viria viabilizar a democratização do ensino.

Pesquisa de CRUZ (1994) aponta que tal Reforma não teve boa acolhida entre professores, que viam sua autoridade anulada. Afirma, ainda, que alunos que não dominavam o conteúdo previsto, mas, oficialmente, deveriam ser promovidos, eram agrupados em "classes lentas" ou "de mentira", onde permaneciam, não raro, por anos a fio. Como conseqüência "imprevista" da Reforma, desencadeou-se uma *proliferação* de alunos com *dificuldades de aprendizagem* na 2ª série, que se tornou o novo ponto de estrangulamento da escolarização.

Essa Reforma, mesmo sem ser expressamente revogada, vigorou até 1972. O problema que ela tentou solucionar – o alto índice de reprovações –, no entanto, persistiu até que em 1984, em pleno *processo de redemocratização do país*, a Secretaria da Educação do Estado de São Paulo implantou em *todas* as escolas da rede estadual de ensino, por meio de um *decreto-lei*, "nova política educacional" na tentativa de dar *respostas concretas* aos problemas de repetência e evasão e garantir a *permanência e efetiva aprendizagem escolar* dos alunos: trata-se do Ciclo Básico (SEE, 1987). A partir dessa política, a 1ª e a 2ª séries passaram a compor um ciclo que o aluno teria de concluir em dois anos; e a reprovação, que "penalizava" muitos alunos no primeiro ano de escolarização, só poderia ocorrer ao final do ciclo[6]. Como justificativa, novamente havia críticas contundentes à alta seletividade das escolas.

Segundo o discurso oficial, o Ciclo Básico *não* seria *recurso para aumentar a auto-estima de alunos* ou *manipular índices educacionais*; mas um meio de "definitivamente deixar de insistir no erro histórico de punir o aluno através de reprovação, por falhas que na verdade são da própria rede" (p. 36). A expectativa era que o aluno tivesse "mais tempo de aprender", possibilitando a continuidade do seu processo educativo de forma "mais flexível". Assim, a avaliação serviria não mais como "instrumento de seletividade", mas como meio de conhecer os progressos dos alunos, bem como de avaliar o trabalho docente.

Documento oficial com a avaliação das repercussões do primeiro ano de Ciclo Básico considerou seu saldo positivo, embora apontando críticas, que focalizavam especialmente a *falta de preparo docente*, a *forma pouco democrática de implantação* (que contradizia o contexto histórico do país) e a *falta de orientações* sobre atribuição de classes, remanejamentos, critérios de avaliação e promoção (ESPOSITO, 1985).

CRUZ também realizou importante análise do Ciclo Básico (1994), revelando que, embora a reprovação tivesse sido oficialmente eliminada, no dia-a-dia da escola, havia vários tipos de classe: as classes fortes, lentas, intermediárias, fracas e mesmo as classes de *repetentes*. Concluiu, então, que "não se poderia acreditar que a escola ia abraçar e tornar seu um decreto como esse, elaborado em instâncias superiores sem a participação das professoras, contendo idéias que elas desaprovam, imposto de maneira autoritária" (p. 143).

---

[6] Na ocasião, já se dizia que o Ciclo Básico apenas daria início à reorganização efetiva do ensino de 1° grau.

O Ciclo Básico manteve-se nas escolas paulistas até a implantação da Progressão Continuada, em 1998, na primeira Gestão governamental de Mário Covas[7]. Sendo parte de um conjunto de projetos educacionais que visavam a atacar o problema da reprovação nas escolas, o ensino em ciclos passou a vigorar em todas as séries do ensino fundamental na rede estadual.

Antes de apresentar a Progressão Continuada, vale ressaltar que a proibição da reprovação tem sido vista, cada vez mais, como importante alternativa de organização escolar, ocupando espaço crescente em países da América Latina e Europa, nos Estados Unidos e no Japão, além de estar espalhada pelo Brasil, como nas redes estaduais de Minas Gerais, Espírito Santo e Paraná, nas escolas municipais de São Paulo, Belo Horizonte e Porto Alegre, e no Distrito Federal, configurando-se como política hegemônica (SILVA, 1997).

No caso brasileiro, o chamado ensino em ciclos geralmente tem sido apontado como estratégia para solucionar o problema das altas taxas de reprovação. Encorajada na LDB (1996), tal proposta tem sido defendida por importantes intelectuais, ligados às mais variadas tendências políticas, e baseados em diferentes concepções de educação e desenvolvimento infantil. Mesmo entre os defensores da proposta, sempre se destacam algumas condições imprescindíveis para garantir seu sucesso. ARROYO (1999) destaca a importância da formação de educadores, a fim de garantir a ruptura da lógica da seriação. Ele afirma que o ciclo é mais do que "uma simples receita para facilitar o fluxo escolar", sendo a difícil busca de organizar o trabalho escolar respeitando "as temporalidades do desenvolvimento humano" (p. 158).

DEMO (1998), embora favorável à proposta, é contundente nas críticas à forma como ela tem sido implantada em algumas redes de ensino. Para ele, "a idéia, em si boa, de levar o aluno para frente,

---

[7] Mário Covas assumiu o governo do Estado de São Paulo em 1995, tendo Geraldo Alckmin como vice-governador e Rose Neubauer como secretária da educação. Com o falecimento de Covas, em março de 2001 (no início de sua segunda gestão), Geraldo Alckmin assumiu o governo do Estado. Rose Neubauer continuou secretária de educação quase até o fim desse mandato, sendo substituída por Gabriel Chalita em abril de 2002.

acabando com a repetência até onde possível, é desfeita pelo formalismo vazio da proposta, em vez do compromisso com a aprendizagem, fica-se apenas com o da promoção" (p. 165).

Panorama da implantação da chamada "promoção automática" no ensino brasileiro (MAINARDES, 1998)[8] aponta a permanência de dificuldades vividas desde as experiências antigas: *ausência de discussão com professores, dificuldade docente em trabalhar com classes heterogêneas* e *resistência docente* à idéia. Novamente, são sinalizadas condições para que esta medida não seja apenas "formal": formação docente contínua, redução de alunos por turma, acompanhamento de alunos com dificuldade, material didático diversificado.

A Progressão Continuada no discurso oficial

Conforme mencionado, a Progressão Continuada reorganizou o ensino fundamental em dois ciclos de quatro anos[9], no interior dos quais os alunos não podem ser retidos, à exceção dos faltosos. Embora seja permitida a retenção nos últimos anos de cada ciclo (4ª e 8ª séries), pede-se que não instale nessa passagem "novo 'gargalo' ou ponto de exclusão" (CEE, 1997a).

Justificando sua implementação, o Conselho Estadual de Educação menciona os altos índices de reprovação e defasagem série/idade, tidos como incompatíveis com a democratização do ensino. A Progressão Continuada, por sua vez, viria *viabilizar a universalização da educação básica*; *garantir acesso e permanência das crianças em idade própria na escola*; *regularizar o fluxo dos alunos quanto à idade/série*; e *garantir a melhoria geral da qualidade do ensino*. Diz esse Conselho (CEE, 1997a, p. 153):

---

[8] Tal panorama focaliza tal proposta até o ano de 1994, não englobando, portanto, a Progressão Continuada.

[9] Os ciclos obedecem à outra política implantada nas escolas estaduais de São Paulo: a Reorganização das Escolas, a partir da qual as escolas de 1ª a 4ª série foram separadas das de 5ª a 8ª e ensino médio.

A reprovação [...] constitui um flagrante desrespeito à pessoa humana, à cidadania e a um direito fundamental de uma sociedade democrática. É preciso varrer da nossa realidade a "pedagogia da repetência" e da exclusão e instaurar definitivamente uma pedagogia da promoção humana e da inclusão.

Os argumentos que sustentaram a implantação da Progressão Continuada partiram ora da perspectiva pedagógica ora da perspectiva econômica, que não raro confundiam-se, sendo a última a mais acentuada, tal como na seguinte passagem:

> Uma mudança dessa natureza deve trazer, sem dúvida, benefícios tanto do ponto de vista pedagógico como econômico. Por um lado, o sistema escolar deixará de contribuir para o rebaixamento da auto-estima de elevado contingente de alunos reprovados. Reprovações muitas vezes reincidentes na mesma criança ou jovem, com graves conseqüências para a formação da pessoa, do trabalhador e do cidadão. Por outro lado, a eliminação da retenção escolar e decorrente redução da evasão deve representar uma sensível *otimização dos recursos* para um maior e melhor atendimento de toda a população. A repetência constitui um *pernicioso "ralo"* por onde são *desperdiçados preciosos recursos financeiros* da educação. O *custo* correspondente a um ano de escolaridade de um aluno reprovado é simplesmente um *dinheiro perdido. Desperdício financeiro* que, sem dúvida, *afeta os investimentos* em educação, seja na base física (prédios, salas de aula, equipamentos), seja, principalmente, nos salários dos trabalhadores do ensino. Sem falar do *custo material e psicológico* por parte do próprio aluno e de sua família (pp. 151-152, itálicos meus).

Ao mesmo tempo em que o discurso oficial defende que a implantação da Progressão Continuada é *perfeitamente viável* (mencionando o Ciclo Básico como experiência *positiva*), reconhece que se trata de uma *mudança radical e profunda*, por definir uma *solução institucional* para o problema. Assim, se em um momento fala em *ampla adesão e apoio*, em outro considera a possibilidade de haver *resistência docente* à proposta, sugerindo poder evitá-la por meio da garantia de sua participação no planejamento e implantação do projeto, o que contribuiria, ainda, para esclarecer seu verdadeiro conteúdo, evitando confusões.

Dentre esses esclarecimentos, está a distinção entre Promoção Automática ("sugestiva de menor investimento no ensino") e Progressão Continuada ("mecanismo inteligente e eficaz de ajustar a realidade do fato pedagógico à realidade dos alunos"). Reconhece, ainda, a necessidade de se garantir uma série de condições para seu sucesso. Para o Conselho Estadual de Educação, "todo esforço possível e todos os recursos disponíveis devem ser providos pela escola e pelo sistema para levar o aluno ao aproveitamento das atividades escolares para seu desenvolvimento cognitivo e social e, por conseqüência, ao progresso" (CEE, 1997b, p. 254).

Segundo parecer do Conselho, a Progressão Continuada estaria fundamentada em dois eixos: *flexibilidade* e *avaliação*. A *flexibilidade* estaria nas *amplas e ilimitadas possibilidades de organização* do ensino, bem como nos *mecanismos de classificação e reclassificação de alunos*, "independentemente de escolarização anterior" (1997a, p. 153). Ao mesmo tempo, sugere uma *referência básica* de classificação do aluno, baseada na idade:

> É óbvio que outros mecanismos de avaliação do nível de competência efetiva do aluno e, se necessário, de atendimento especial para adaptação ou recuperação devem estar *associados à referência básica da faixa etária. O que importa realmente* é que a conclusão do ensino fundamental se torne uma *regra para todos* os jovens aos 14 ou 15 anos de idade (*idem, ibidem*, itálicos meus).

É sobre a *avaliação* que recai maior ênfase, havendo mesmo uma indicação oficial exclusiva sobre o tema (CEE, 1997b). Tal indicação parte da crítica à forma como a avaliação funcionava, caracterizando-a como "perversa distorção" da nossa educação "punitiva e excludente", por ser apenas procedimento "decisório quanto à aprovação ou reprovação do aluno". Propõe, ao contrário, que ela deveria focalizar não só os alunos, mas também a ação docente. Pautando-se nas idéias de "progresso e desenvolvimento", a avaliação seria um "instrumento-guia" que sinalizaria as "heterogeneidades entre os alunos". Fala, ainda, de *atividades de reforço e recuperação (paralelas e contínuas)*, de *meios alternativos de adaptação, reclassificação, avanço, reconhecimento, aproveitamento e aceleração de estudos*, de *indicadores de desempenho* e *controle de freqüência*.

Muito embora a proposta oficial fosse de que *todos* concluíssem o ensino fundamental em oito anos, o Conselho reconhece que alguns alunos levarão "mais um ou dois anos" para concluí-lo. Declara, no entanto, que "a extensão em anos para este percurso para número significativo de alunos, ou a evasão decorrente da não progressão, em um sistema ou em uma escola, estarão sinalizando *claramente disfunções institucionais sérias* a serem verificadas" (p. 255, itálicos meus).

Finalmente, segundo o discurso oficial, a Progressão Continuada está apoiada na crença de que "toda criança é capaz de aprender, *se lhe forem oferecidas condições de tempo e de recursos para que exercite suas competências ao interagir com o conhecimento*" (p. 256, itálicos meus). Assim, propõe a valorização de *qualquer indício* de desenvolvimento do aluno.

Breve análise crítica do discurso oficial: lacunas e contradições

Para além de analisar o que o discurso oficial sobre Progressão Continuada *diz*, é fundamental atentar também para o que ele *não diz*, bem como para os aspectos nos quais se *contradiz*. O objetivo é desvelar seu caráter ideológico, entendendo por ideologia a perspectiva marxista adotada por CHAUI (1980, 1997).

Segundo essa filósofa, ideologia é "um corpo explicativo (representações) e prático (normas, regras, preceitos) de caráter prescritivo, normativo, regulador, cuja função é dar aos membros de uma sociedade dividida em classes uma explicação racional para as diferenças sociais, políticas e culturais" (1980, p. 115). Assim, as *desigualdades sociais* aparecem sob a máscara de *diferenças individuais* e a contradição inerente à sociedade capitalista é *naturalizada*.

> O discurso ideológico é um discurso feito de espaços em branco, como uma frase na qual houvesse lacunas. A coerência desse discurso [...] não é uma coerência nem um poder obtidos *malgrado* as lacunas, *malgrado* os espaços em branco, *malgrado* o que fica oculto; ao contrário, é *graças aos brancos, graças às lacunas* entre suas partes, que esse discurso se apresenta como coerente. [...] O discurso ideológico se sustenta, justamente, porque *não pode dizer até o fim aquilo que pretende dizer*. Se o disser, se preencher todas as lacunas, ele se autodestrói como ideologia (CHAUI, 1997, pp. 21-22, itálicos da autora).

A ideologia confere grande *prestígio* ao *discurso competente*, definido como "o discurso do especialista, proferido de um determinado ponto da hierarquia organizacional", e que "não se inspira em idéias e valores, mas na suposta realidade dos fatos e na suposta eficácia dos meios de ação". Pronunciado por *interlocutores previamente reconhecidos* em *lugares e circunstâncias predeterminados*, e tendo *o conteúdo e a forma autorizados*, ele não seria *inaugural*, mas o *discurso permitido*, o "discurso instituído ou ciência institucionalizada", cujo papel seria "dissimular sob a capa da cientificidade a existência real da dominação" (1997, p. 7; 11).

Valendo-se do estatuto de *ciência neutra e objetiva*, a ideologia, com efeito, encobre a realidade ao analisá-la tal como um *dado*, "um fato dotado de características próprias e já prontas, ordenadas, classificadas". CHAUI considera, por outro lado, que "o conhecimento da realidade exige que diferenciemos o modo como uma realidade aparece e o modo como é concretamente produzida". Nesse sentido, o discurso ideológico é, em essência, *pseudocientífico* (1980).

Tendo apresentado brevemente o conceito de ideologia na perspectiva marxista de CHAUI, pode-se tecer críticas ao discurso oficial sobre a Progressão Continuada.

Um aspecto que chama a atenção é o uso recorrente do *discurso competente* como legitimador dessa proposta. São muitas as referências elogiosas aos *ilustres educadores* da década de 1950 ou ao *emérito* professor que encabeçou a Reforma de 1968. Tais textos, *aparentemente neutros*, deixam pouca margem para o dissenso, chegando a declarar que seus proponentes "não são passíveis de serem identificados como demagogos ou malandros como tentam alguns fazer parecer" (NEUBAUER, 2000).

Entrelaçada ao discurso competente está a forma autoritária de muitas proposições oficiais. O tom imperativo é notório, por exemplo, no artigo de NEUBAUER e DAVIS, publicado originalmente em 1993 – pouco antes desta última encabeçar a implantação da Progressão Continuada, como secretária da educação[10]. O título é sugestivo de seu conteúdo: "É proibido repetir" (NEUBAUER e DAVIS, 2001). Eis alguns trechos (itálicos meus):

> Especial destaque, dentre as propostas para reverter o fracasso escolar, é a concepção de que *é imperativo coibir* a prática indiscriminada da reprovação, *obrigando* os sistemas a reverem suas rotinas e sistemáticas de trabalho (p. 65).
>
> Repetir o ano escolar deve ser *proibido, proibido, proibido* (p. 74).
>
> A reformulação da organização didático-pedagógica viciosa – típica do nosso cenário educacional – requer, em primeira instância, que os responsáveis pela administração enfrentem a cultura da repetência, *retirando dos sistemas escolares, se necessário o for, de forma definitiva e por meios legais, a possibilidade de reprovar os alunos* (p. 74).

---

[10] Deve-se destacar que o texto ainda não fala em Progressão Continuada, mas em Promoção Automática.

Esse tom autoritário comparece, ainda, na desconsideração das possíveis *discordâncias políticas* em relação ao projeto, que fala, ao contrário, em *consenso* ou *ausência de oposição* e declara, em diferentes momentos, que quem não concordar é *resistente, conservador, elitista, odioso* ou *antidemocrático* (NEUBAUER, 2000; NEUBAUER e DAVIS, 2001). Mas sua maior expressão concreta encontra-se na forma de implantação: um *decreto-lei* que a torna *obrigatória* em *todas* as escolas estaduais.

Soma-se ao autoritarismo o *pensamento mágico*, característico da inversão ideológica. O discurso oficial parece apoiar-se na crença de que as idéias, uma vez formuladas, podem transformar a realidade. Assim, a Progressão Continuada é apontada como *sinônimo de fim da seletividade da escola*. Contraditoriamente, no entanto, reconhece a necessidade de longo e complexo processo, e não de simples decreto, para que a exclusão escolar seja solucionada. Mas, ao falar do processo de construção bem sucedida dessa política educacional, enfatiza apenas a *dedicação docente*, evitando implicar-se no caso de fracasso do projeto. É a partir dessa perspectiva que declara, de maneira simplista, que, se a seletividade escolar for mantida, será devido a *sérias disfunções institucionais* ou a *eventuais resistências* (CEE, 1997a).

Importante contradição é que o discurso oficial apresenta uma lista de *pré-requisitos* que garantiriam o sucesso dessa política, muitos dos quais se referem a alterações *radicais* da escola e até mesmo da *personalidade* de professores e alunos, focalizando as relações que produzem o aluno reprovado. Assim, reconhece que uma mudança nessas relações mudaria o quadro de fracasso escolar, causando impacto nos índices de retenção. Ora, se tais mudanças ocorressem, não seria necessário proibir a reprovação dos alunos. Trata-se, pois, de uma política que não transforma a *essência* do fracasso escolar, mas apenas o que dele *aparece* (no caso, a reprovação); ou seja, que não visa a garantir o sucesso, mas apenas eliminar o fracasso.

A visão oficial acerca dos alunos e familiares também traz contradições. Apesar de ser supostamente contrária ao preconceito em relação às classes subalternas, é, na realidade, carregada de um olhar pejorativo das mesmas[11]. Assim, tão logo defende que *todos* têm condições de aprender, acrescenta, à idéia, o condicional *"se"*, que é acompanhado de requisitos econômicos e sociais que garantam maior *eficiência escolar*. É o que se nota, por exemplo, no artigo de PENIN (2000), o qual afirma que, com a democratização do ensino, as crianças de baixa renda ingressaram nas escolas, e, com elas,

> [...] as circunstâncias de vida da população mais sofrida da sociedade: os muito pobres, os de vida cultural restrita e os provenientes de famílias desorganizadas, trazendo consigo *todo tipo de problemas de comportamento (indisciplina, desrespeito, pouca higiene, violência, drogas)*. É sim, o *outro lado* ou o *lado ruim* da sociedade que está entrando na escola (p. 39, itálicos meus).

Tais preconceitos, no entanto, aparecem travestidos de olhar científico, quando se nota, na forma como a política foi concebida, uma apropriação distorcida, esvaziada e superficial da análise crítica da escola, produzida, sobretudo, a partir da década de 1980, fixando-se apenas nas suas primeiras camadas e não captando sua essência.

Finalmente, para a análise crítica do discurso oficial acerca da Progressão Continuada, é fundamental explicitar o contexto de sua implantação: a globalização da economia, impulsionada pela influência do ideário neoliberal, e a presença do Banco Mundial e do Fundo Monetário Internacional (FMI) em muitas políticas educacionais implantadas nesse contexto.

Análise dos efeitos do neoliberalismo no Brasil[12] é bastante clara, demonstrando que nosso país tem sofrido as "seqüelas sociais do ajuste do Estado aos interesses do pequeno mundo dos donos do capital" (HADDAD, WARDE e TOMMASI, 2000). Isso porque o maior empenho dos governantes neoliberais incide na *estabilidade monetária*, conquistada com *disciplina orçamentária*, implicando em

---

[11] Vale frisar que os professores também são vistos negativamente, sendo julgados e, não raro, *reprovados*.

[12] Para um balanço do neoliberalismo no mundo, ver Anderson (*In*: SADER e GENTILI, 1995).

redução ou *anulação* dos direitos sociais. Com claros contornos econômicos, e formatado à idéia de estado mínimo no que tange ao desenvolvimento nacional, tal modelo torna-se incompatível com os valores de democracia, igualdade e liberdade.

COSTA, em rica análise da influência do neoliberalismo na educação brasileira (*In*: SADER e GENTILI, 1995), desmonta seus três principais argumentos: a *idéia de consenso* em torno de suas propostas, o real *papel da economia* e seu suposto *objetivo democratizante*. HADDAD, WARDE e TOMMASI (2000) revelam que o Banco Mundial, em diagnóstico do sistema educacional brasileiro, considerou seu *maior problema* a má qualidade, refletida na *prática pedagógica inapropriada* de estímulo à reprovação. Tal Banco propôs ao Brasil a meta de reduzir as taxas de reprovação e evasão, financiando, dentre outros projetos com esse fim, o Ciclo Básico.

Pesquisa de CORTINA (2000) acerca dos diversos projetos educacionais implantados na primeira gestão Covas analisa criticamente suas três diretrizes: *reforma e racionalização da rede administrativa*, *desconcentração e descentralização de recursos e competências* e *mudanças no padrão de gestão*. Para a pesquisadora, os conceitos de *eficiência*, *eficácia*, *qualidade* e *racionalização*, apontados pelo Estado como chave na política educacional, têm forte ligação com a lógica do mercado, ou seja, com "um projeto político que coloca a condução econômica como ponto central", traduzindo-se em "minimização dos recursos aplicados e priorização da aplicação em projetos que reduzam gastos", e não em "valores democráticos" (pp. 10-11).

Segundo defende, a gestão educacional do governo do PSDB, mais que as administrações anteriores, acompanhou o modelo recomendado pelos organismos financeiros internacionais ao MEC. Aponta, ainda, como ponto frágil dessa gestão, a ausência de democracia, comprometendo medidas que poderiam ser positivas se implantadas em outro contexto. Critica, assim, programas feitos em "gabinetes", que partem de "decisões centralizadas e autoritárias emanadas dos órgãos centrais por meio de decretos, resoluções, comunicados", sem considerar o trabalho e os trabalhadores das escolas (p. 286).

A Progressão Continuada, a estatística oficial e a exclusão *na* escola

Após mais de cinco anos de implantação da Progressão Continuada, muitas repercussões fazem-se presentes na educação pública estadual paulista, dentre as quais uma de percepção mais imediata encontra-se nas estatísticas educacionais.

Documento oficial apresenta os índices referentes ao desempenho dos alunos das escolas públicas paulistas entre 1986 e 1999, contemplando as taxas de aprovação, reprovação e o que chama de "abandono" (SEE, 2000). Tais dados ilustram um aumento no número de alunos aprovados no ensino fundamental: se, em 1986, a taxa de aprovação era de 69,4%, em 1999, ela atingiu 92,2% dos alunos. Como conseqüência, o contrário ocorreu com as taxas de reprovação e "abandono": se, em 1986, a reprovação atingiu 18,5% dos alunos e o abandono, 12,1%, em 1999 a taxa de reprovação caiu para 3,3% e a de evasão, para 4,5%[13].

Pela leitura de tais dados, nota-se que as escolas públicas estaduais paulistas vivem atualmente uma *situação peculiar*: quase não mais se encontra a imensa produção de alunos reprovados, como no início da década de 1990. *Aparentemente*, portanto, o antigo problema dos altos índices de reprovação nas escolas públicas paulistas foi praticamente equacionado.

Uma pergunta, no entanto, deve continuar sendo feita: esses dados estatísticos, ao apresentarem números que lembram um novo "milagre brasileiro"[14], agora de caráter educacional, revelam, de fato, uma melhoria qualitativa dessa escola? Considerando-se que a exclusão *na* escola tinha como importante marca os altos índices de

---

[13] Embora as mudanças nesses dados sejam graduais, há saltos significativos, especialmente a partir de 1996.

[14] Parafraseando o "Milagre Brasileiro", período de grande desenvolvimento econômico desenrolado no início da década de 1970, época da Ditadura Militar. Como conseqüência desse Milagre, houve o agravamento da dívida externa nacional. Para maior aprofundamento, ver FAUSTO, 1999.

reprovação (Cf. FERRARO, 1999), e agora tais índices são praticamente inexistentes, pode-se dizer que o problema da exclusão *na* escola, para a solução do qual instituiu-se a Progressão Continuada, foi extinto?

Aproximando o olhar: a Progressão Continuada no interior de uma escola

Entendendo ser necessário um contato face a face com a realidade escolar para uma compreensão densa e profunda dos processos que nela ocorrem (EZPELETA e ROCKWELL, 1986), realizei um estudo de *inspiração etnográfica* em uma escola pública paulista de Ciclo II e Ensino Médio. Por meio de tal estudo, acompanhei, durante um semestre de 2000, um grupo de professores da escola, encontrando-os semanalmente nos Horários de Trabalho Pedagógico Coletivo (HTPC). Participaram da pesquisa oito professores, havendo, ainda, a presença esporádica da coordenadora pedagógica, da supervisora de ensino e de outros professores. O trabalho de campo compreendeu *grupos reflexivos* e *entrevistas individuais*.

O *grupo reflexivo* foi construído coletivamente no campo, sendo decorrente da relação entre pesquisadora/grupo-pesquisado/tema de pesquisa. A idéia inicial era que professores redigissem, individualmente, redações sobre diferentes aspectos da Progressão Continuada: o que entendiam por ela, os efeitos dela no trabalho docente e no perfil dos alunos. A atividade proposta, no entanto, acabava por estimular um debate sobre o tema, quando os professores queixavam-se que a maior parte das políticas implantadas nas escolas nos últimos anos caíra sobre suas cabeças pronta, sem espaços coletivos de discussão: reclamavam da falta de diálogo; não se sentiam ouvidos pelas autoridades educacionais.

Considerando o envolvimento de todos com as reflexões grupais, passei a privilegiar esses momentos como rico procedimento de pesquisa. A intenção era propiciar um espaço no qual os participantes pudessem expressar sua visão sobre a Progressão Continuada, relatar experiências concretas, refletir sobre sua participação no processo de implantação. Pretendia, pois, problematizá-la com os agentes mais diretamente implicados na sua efetivação[15].

Deve-se destacar que a construção de um espaço horizontal de reflexão coletiva sobre a Progressão Continuada no interior da escola rompia com a dinâmica usual das reuniões de HTPC, nas quais o reino da burocracia sufocava suas reflexões. No entanto, se, por um lado, o *grupo* era espaço de arejamento ou ruptura do automatismo, por outro lado, tal interferência tinha limites claros, dado que a verticalidade das relações escolares (que extrapola a unidade estudada e atinge a Secretaria de Educação, o MEC e mesmo o FMI) distancia-os cada vez mais da posição de agentes transformadores. Assim, foi reservado à pesquisa o papel de *denúncia* crítica dessa realidade, o que, por si, pode ser *anúncio* de sua transformação (PATTO, 1997).

Além do *grupo reflexivo com professores*, realizei *entrevistas individuais* com os professores participantes do grupo, coordenadora pedagógica e supervisora de ensino. As entrevistas foram realizadas ao final da pesquisa, quando o vínculo entre mim e o grupo pesquisado estava fortalecido. O objetivo era conhecer a trajetória e dia-a-dia profissional dos depoentes, além de aprofundar as discussões grupais, agora em espaço individual.

A Progressão Continuada na concepção dos professores

As concepções dos professores aqui apresentadas envolvem: a implantação da Progressão Continuada; os argumentos do discurso oficial para a implantação dessa política e alguns aspectos relativos à prática docente no interior da nova organização escolar.

---

[15] Nossas discussões eram provocadas por matérias de jornal ou revista, redações de alunos, documentos oficiais ou alguma situação vivida na escola que pudesse ter ligação com a Progressão Continuada. Foram realizados, ao todo, dez encontros, os quais eram coordenados por mim, que contei com a colaboração de uma auxiliar de pesquisa, para garantir melhor qualidade aos relatos ampliados.

Com relação à implantação da Progressão Continuada, todos os professores relataram suas experiências, denotando que a forma como ela foi instituída dependeu de uma série de fatores, dentre eles a própria escola. Assim, os professores foram comunicados ora pela supervisora de ensino, ora pela diretora, ora pela coordenadora pedagógica.

Afora as diferentes experiências, no entanto, algumas situações eram compartilhadas, dentre elas o fato de que, embora a Progressão Continuada tenha sido instituída oficialmente em 1998, no ano letivo de 1997 começaram a sofrer pressão para não reprovarem os alunos. Além disso, destacaram que, quer a Progressão Continuada tenha sido discutida na escola, quer não, ela "veio pronta", tendo sido posta de cima para baixo. Os poucos que participaram de discussões, queixavam-se que elas foram apenas *pró-forma*, uma vez que suas reflexões e opiniões não foram sequer consideradas.

Para além da queixa relativa à falta de participação na sua elaboração, outra queixa constante referia-se à falta de preparo da escola e de professores para essa implantação. Nesses momentos, transparecia o ressentimento por não se sentirem suficientemente esclarecidos quanto aos objetivos da proposta, tampouco instrumentalizados para sua efetivação. Segundo diziam, a Progressão Continuada foi instituída "*na canetada*", contradizendo a necessidade de maior cuidado, por implicar em mudança de mentalidade. Eis algumas falas:

> Nem consulta teve... "Vai ser ciclo e acabou!". Veio a ordem e cumpra-se!
> As coisas não são implantadas... gradativamente. "É assim que vai ser... e pronto! Você se vire!". Então, ficou horrível! Mesma coisa a sala ambiente..., "vamos implantar!", só que é jogado... Então, o que era a sala ambiente? Uma sala comum... Só os alunos mudavam de sala... Virou um tumulto, porque não tem funcionário para olhar... Aí, "Não tem mais!". Então, vem, acaba... e as crianças vão sendo cobaias, na verdade... E o professor também, porque a gente é jogado para lá e para cá.

Nós tentamos, inclusive, explicar para os pais, mas nem a gente estava preparada. Ninguém tinha muita segurança, então era difícil. Daí..., dentro do possível, fomos explicando nas reuniões de pais, tentando convencê-los de que não era... uma promoção automática, era uma... maneira diferente de avaliar, que o aluno tinha de participar, mas, na verdade, com o passar do tempo, isso foi... se perdendo.

Os professores participantes da pesquisa não paralisavam nas queixas, vislumbrando outras possibilidades de instituir a Progressão Continuada, mais cuidadas e respeitosas com professores, alunos e famílias. Por exemplo, defendiam que a mudança deveria acontecer de forma gradativa: inicialmente na primeira série, acrescentando uma série por ano, até atingir a 8ª (depois, portanto, de oito anos). Falavam em *"implantação continuada"*, em alusão ao nome da política. Preocupavam-se, ainda, com formas de garantir a qualidade do ensino.

Muito foi discutido, com os professores, acerca dos argumentos do discurso oficial para a implantação dessa política. A *suposição de que "o projeto é lindo no papel"*, ou que *"a intenção até podia ser boa"* esteve presente em muitas falas. Quando confrontavam o discurso oficial com a vida diária escolar, no entanto, afirmavam que ele não correspondia à realidade.

Essa idéia de que o projeto "é lindo no papel", vale dizer, foi constantemente problematizada pelos próprios professores, quando da discussão do documento oficial. Nesses momentos, uma das principais críticas incidia sobre a ênfase no caráter econômico da Progressão Continuada. Para eles, o seu *"sentido oculto"* era o enxugamento dos custos com o ensino público, bem como a presença de agências internacionais de financiamento (quando lembravam que se trata, em realidade, de *"empréstimo"*). Destacando que para o Estado *"reprovação é desperdício"*, um professor ironizou: *"O pessoal não parece preocupado com os alunos. É con-

versa para boi dormir. É para inglês ver... Ou melhor, para americano ver, porque quem paga é o BIRD[16], *são os americanos".*

Os professores também falaram acerca de suas práticas docentes no interior da Progressão Continuada. Um aspecto amplamente discutido foi a reprovação, quando eles não apenas relataram como ela se dava antes da instituição dos ciclos, mas também comentaram como ela vinha funcionando no interior do novo regime.

De maneira geral, eles concordavam que havia muita reprovação, e que tal situação tinha de mudar. Alguns diziam que não fazia sentido reprovar um aluno *"por meio ponto na média"*, pois *"apenas uma prova"* não avalia plenamente o aluno. Mas se era consensual que tal estrutura precisava ser alterada, a solução adotada pelo Estado passava longe do consenso. As discussões tenderam para a opinião segundo a qual a Progressão Continuada *"substituiu uma distorção por outra"*, ou seja, para eliminar o alto índice de reprovações, eliminou apenas a possibilidade de reter os alunos, valendo-se, portanto, de um *"paliativo"* e não da busca séria de soluções. A frase *"da pedagogia da repetência à pedagogia da enganação"* foi uníssona.

Ligada à discussão sobre a reprovação na Progressão Continuada estava a queixa angustiada da pressão que sofriam para aprovar os alunos *"a qualquer custo"*. As confusões com o nome da política eram muitas: aprovação continuada, progressão automática, promoção continuada, aprovação automática... Aliás, a associação entre Progressão Continuada e Promoção Automática, veementemente negada pela Secretaria de Educação, foi constante no grupo, estando mais claramente presente nas redações individuais. Quando solicitado que os professores escrevessem o que entendiam por Progressão Continuada, a aprovação automática foi referida de diversas formas – desde o uso literal da expressão até a presença de sutis variações suas ou de sua descrição, sem, no entanto, denominá-la:

---

[16] Banco Interamericano de Desenvolvimento, que empresta dinheiro para o financiamento de projetos sociais, dentre os quais, os educativos. Para uma análise profunda da influência do BIRD e do Banco Mundial nas políticas educacionais brasileiras, ler TOMMASI, WARDE e HADDAD, 2000.

> No meu entender, significa promoção automática.
> No meu ponto de vista é o jeito de promover o aluno de forma automática, retendo na mesma série somente em situações específicas. Ex.: faltas.
> Sistema implantado para o avanço dos discentes aos ciclos seguintes.
> Método em que o aluno iria de uma série para outra sem que houvesse interrupções, ou seja, o conteúdo teria uma seqüência desde a 1ª série.
> Com a Progressão Continuada, existe uma alteração relativa à aprovação por séries e passa a ocorrer uma aprovação por ciclo.

Um olhar apressado, ao comprovar que a descrição docente destoa do discurso oficial sobre a Progressão Continuada, poderia julgar as respostas "erradas" e mesmo "reprová-los". No entanto, a partir do contato com os professores, foi-se revelando, mais claramente, a *exclusão docente* na elaboração e implantação desta política, que parece produzir o desconhecimento docente em relação a tal discurso.

Quanto à avaliação, novamente os professores pareciam concordar que ela precisava ser repensada: *"às vezes o aluno está com dor de cabeça no dia da prova e vai mal"*. Também afirmavam ter mudado o modo de avaliar alunos, que, segundo relatavam, estava se dando de forma contínua, muitas vezes diária. O papel da avaliação na Progressão Continuada, no entanto, parecia angustiá-los, o que compareceu, por exemplo, na seguinte passagem, de tom ao mesmo tempo satírico e amargurado:

> Professora 1: "é mais ou menos assim: o aluno tira D, D, D e C, aí passa".
> Professora 2: "e nós falamos: 'Nossa, como ele progrediu!'".
> Professora 3: "a avaliação no final é só para termos certeza de que o aluno não aprendeu nada, porque a gente não pode retê-lo".

Segundo os professores, a ausência de reprovação (chamada de promoção automática) e a avaliação apenas diagnóstica traziam repercussões no comportamento e no rendimento dos alunos, produzindo aumento do desinteresse e da indisciplina:

> Antes, o aluno sabia que não podia vir com nota vermelha e fazia as coisas; agora, o ensino decaiu muito. Eles entregam o trabalho um mês depois. Chegam e perguntam o que não fizeram, copiam e entregam. Se eu não aceito, fazem escândalo, é caderno no chão, não olham na cara, como se eu tivesse obrigação de aceitar. É por aí mesmo... Não têm limites.

Muitos diziam que os próprios alunos pediam limites claros: "*Eles falam: 'se vocês não cobrarem, a gente não faz'*". A crença de que "*o homem só funciona na base da cobrança*" estava enraizada não apenas nos alunos, mas também nos professores.

Somado ao aumento do desinteresse e da indisciplina, articulava-se o (des)valor do conhecimento na escola da Progressão Continuada. Segundo os professores, "*o conhecimento acabou ou deixou de ser importante*", "*o interesse caiu*", "*os alunos nem ligam para a avaliação*", "*muitos cadernos são em branco e nada podemos fazer*". A frase "*só piorou*" era constante no grupo. Para eles, a facilidade para "passar de ano" teria gerado desestímulo inclusive nos alunos que antes eram "*esforçados*".

E também os professores sentiam-se desestimulados, dizendo, por exemplo, que o trabalho docente tornara-se mais difícil. A relação desestímulo discente–desestímulo docente parecia ter-se tornado um círculo vicioso difícil de quebrar. Assim, muitos foram os depoimentos angustiados e cansados dos professores, que, não raro, falavam que a docência atual é um "*dar sem receber contínuo*".

Os professores diziam que, recebendo um salário desestimulante e não encontrando estímulo para o trabalho na sala de aula, não preparavam mais as aulas com tanto cuidado, também se despreocupando com os conteúdos. A vontade de ensinar parecia bastante abalada, o que era vivido com sofrimento. Um professor, por exemplo, disse que o principal sentimento em relação ao trabalho era "*vergonha*". Outros mencionaram o sentimento de culpa: "*é um pecado, um crime o que estamos fazendo. Esses alunos vão ter uma ilusão de primeiro grau*".

Bastante significativa foi a discussão sobre os impactos da Progressão Continuada no trabalho docente, quando professores disseram frases como:

> Estou deixando de ser uma professora digna. Não importa o que eu faça, o aluno passa. Meu trabalho não vale nada.
> É bom ganhar seu dinheiro honestamente, mas às vezes não dá, e não é por nossa culpa. É porque não dá mesmo!

Os diferentes lamentos vinham no sentido do que discutíramos até então: se a Progressão Continuada introduziu a "pedagogia da enganação", e o ensinar ficou destituído de sentido, não faziam outra coisa senão entrar nesse jogo. O sentimento generalizado era de *mal-estar* pelo não cumprimento do papel de educador.

A idéia de que, com a abolição da reprovação, houve aumento dos problemas disciplinares e de aprendizagem articulava-se a uma visão pejorativa dos alunos da escola pública atual, sendo este, aliás, um dos poucos aspectos em que Secretaria de Educação e professores sintonizavam. Eles, por vezes, proferiam frases emblemáticas, em tom ora raivoso e impaciente, ora cansado e sem esperança[17]:

> Eu acho que estamos formando bugres, inadequados para o mercado.
> É uma geração de inúteis, vagabundos e marginais.
> Lá fui eu falar com os alunos... A gente não faz outra coisa senão ficar chamando atenção. Que gente mais sem informação.

---

[17] Para além da visão pejorativa em relação aos alunos, nota-se que a concepção de educação voltada para o mercado de trabalho também era aspecto consoante entre professores e a Secretaria de Educação.

Em muitos momentos, professores relacionavam diretamente fracasso escolar e ausência de acompanhamento familiar. Constantemente, comparecia a idéia de que os alunos "*não traziam educação de casa*", ou mesmo que "*alguns alunos, perto dos pais, eram realmente uns anjos*". Tais críticas, não raro, focalizavam os alunos pobres, quando pobreza, violência e criminalidade eram imediatamente relacionadas. Nesses momentos, traziam com temor temas que supostamente circundam os alunos da escola pública, pela idade e condição socioeconômica: droga, sexo, indisciplina, violência, desemprego, desestruturação familiar.

Ao criticar a maioria dos alunos, geralmente os professores lembravam dos "*bons alunos*", chamados por eles de "*exceção*". Descritos como sopro de vida num contexto de dificuldades profissionais, tais alunos eram vistos como o resto de sentido que sobrara ao trabalho docente. Ressentiam-se, no entanto, pois eles acabavam prejudicados por uma política educacional que "*só se preocupa e valoriza os maus alunos*". Reflexo disso seria uma espécie de "*contágio do desinteresse*": "*O aluno esforçado é tragado pelos outros, e todos se prejudicam*". O "contágio do desinteresse" parecia atingir também os professores.

As críticas aos alunos, no entanto, por vezes se misturavam às críticas ao sistema de ensino em ciclos. Assim, se queixas em relação à indiferença, acomodação e desinteresse dos alunos foram constantes, por vezes elas eram atribuídas ao fato de que eles sabiam que, independentemente de aprender, passariam de ano.

A versão oficial relativa à auto-estima dos alunos foi criticada pelos professores. Para eles, se, por um lado, os alunos da escola pública de fato possuíam baixa auto-estima, por outro lado não adiantaria aprovar sem que eles tivessem condições, pois isso a rebaixaria ainda mais: "*É uma faca de dois gumes promover um aluno vendo que ele não tem condições, para não prejudicar a auto-estima... A aprovação sem condições faz com que ele se menospreze...*".

Os professores demonstraram angústia ao falar de alunos que, embora avancem pelos anos escolares, têm uma defasagem entre a série em que se encontram e o conhecimento que levam consigo. Muitos casos foram relatados com sofrimento pelos professores, que diziam não saber lidar com essa situação. Segundo uma professora, *"agora entendo porque eles fazem bagunça: eles não sabem nada!"*. Para ilustrar a situação, os professores traziam alguns trabalhos de alunos, dentre os quais apresentaram a redação de um aluno de 7ª série:

> O natal e uma selebrasão do nacimento de jesus que ser dounor um feriado que doda a familia se reune mais os amigos e vais uma sei de natal que damos presendes e gaiamos presendes istoramos japaem damos pregamo conversamos. E adoro o natal e muito bom o natal selepamas o namento de jesus e fasemos festas. Mais dem mais coisas soutamos, asedemos a missa. E muito bom. Mais que eu me esquesa dambem dem o vamoso papai noel um velhilho que trais presente para todas griansas.

Essa redação passou pelas mãos de diversos professores, que tão logo terminavam de ler teciam comentários carregados de choque e desolação. A fala de uma professora foi representativa da opinião de seus colegas: *"Essa é a verdadeira discriminação"*.

Algumas reflexões levantadas a partir da pesquisa

Inicialmente, deve-se enfatizar que criticar a Progressão Continuada não é defender a reprovação ou a escola excludente. Ao contrário, é não perder de vista a qualidade do ensino, certamente não garantida pela instituição desta política educacional no Estado de São Paulo.

De fato, a Progressão Continuada dá continuidade à história de políticas públicas que não se propuseram a enfrentar as complexas contradições presentes no sistema educacional que têm contribuído para a produção de seu fracasso: a defesa da democratização da escola com uma forma autoritária de implantação; a argumentação em nome da cidadania associada ao preconceito em relação aos alunos pobres. Como conseqüência, pois, não se tem a transformação da realidade excludente da escola, mas a potencialização de outros sintomas seus, que, no entanto, não mais se refletem nos índices educacionais.

Segundo os professores, muitos alunos realmente deixaram de ser *reprovados*, mas passaram a ser *aprovados por decreto* (leia-se *promovidos automaticamente*). Com isso, embora eles avancem pelos anos escolares, nem todos conseguem acompanhar as classes pelas quais, sucessivamente, "passam". Muitos são os relatos sobre alunos com defasagem de conhecimento, e sobre o aumento da indisciplina ou da apatia discentes. Nesse sentido, pode-se afirmar que o problema da *exclusão discente* no interior da escola pública estadual paulista permanece, a despeito da implantação de diferentes políticas educacionais que culminaram com a Progressão Continuada (nas quais se nota a persistência de uma estratégia). Nesse novo contexto escolar, porém, a exclusão de alunos no interior da escola ficou sutilizada, tornando-se imperceptível ao olhar apressado que se ativer apenas às estatísticas oficiais.

E, para além da exclusão discente, os docentes acompanhados revelaram que também eles vivem, com a Progressão Continuada, a experiência de exclusão *na* escola, denotada especialmente no fato de terem sido alijados do seu processo decisório e de implementação. Assim, o que se verifica hoje nas escolas públicas paulistas é que a Progressão Continuada não conseguiu resolver o problema da *exclusão na escola*, que hoje atinge não apenas os *alunos* mas também os *professores*, ambos humilhados *na* e *pela* escola[18].

---

[18] Vale dizer que variava a percepção dos professores em relação à sua exclusão, bem como aos impactos da mesma no trabalho docente, havendo desde aqueles que tinham certa clareza da situação até aqueles que apenas a viviam como um mal-estar inominado e supostamente individual.

BOURDIEU, ao analisar a "exclusão no interior" das escolas francesas, declara que a escola "mantém no próprio âmago aqueles que ela exclui, simplesmente marginalizando-os" e condenando-os a oscilar "entre a submissão ansiosa e a revolta impotente". Assim, a escola seria uma "espécie de terra prometida, sempre igual no horizonte, que recua à medida que nos aproximamos dela". Eis a contradição de um ensino ao mesmo tempo "aberto a todos" (se analisado "sob as categorias fictícias da aparência, do simulacro e do falso") e "estritamente reservado a poucos", ou seja, que "consegue a façanha de reunir as aparências da 'democratização' e a realidade da reprodução, que se realiza num grau superior de dissimulação, e por isso com um efeito maior ainda de legitimação social" (pp. 483-486).

PATTO, inspirada em BOURDIEU, publicou "A miséria do mundo no terceiro mundo" (2000), quando aponta os mecanismos de exclusão que ainda atingem os alunos das escolas públicas brasileiras, enfatizando que no Brasil persiste a "exclusão brutal" (não acesso e evasão) e a "exclusão branda" (reprovações), agora acrescidas de nova forma de exclusão, "mais suave". Destacando que se trata de "procedimentos que responsabilizam os prejudicados por uma escola de má qualidade", inseridos na lógica que "promete, mas não pode cumprir, a democratização das oportunidades educacionais" (pp. 192-193), esmiúça:

> A política atual caracteriza-se por tentativas de internalização escolar dos expulsos, seja pela criação de uma rede de caminhos dentro da escola de primeiro grau – os quais, sob o pretexto de incluir, prolongam a ilusão da inclusão, pois, mesmo que os percorram, esses alunos não tiveram acesso a um ensino que se possa dizer de boa qualidade –, seja pelo afrouxamento dos critérios de avaliação da aprendizagem, com intenção clara, mas não confessada, de empurrar de qualquer jeito os estudantes de baixa renda pelos graus escolares adentro, quando possível até o terceiro grau (p. 193).

A autora aborda ainda a perspectiva docente, destacando suas precárias condições de trabalho e salário. Considera que eles são muitas vezes "colhidos de surpresa" pela implantação de políticas públicas, quando vêem suas práticas serem atropeladas por projetos vindos de cima, e a escola mergulhada em confusão. Contextualiza, pois, o sofrimento docente, dizendo serem eles "vítimas de política educacional marcada por descaso pela escola para o povo e por equívocos tecnicistas quando se trata de orientar a prática pedagógica" (p. 195). Analisa, por fim, que, como espécie de reação a essa situação amarga e desnorteadora, os professores

> [...] disparam mecanismos de retradução do desconhecido nos termos do já conhecido, recrudescem o preconceito e a raiva em relação aos alunos, às famílias e aos moradores dos bairros pobres e reavivam concepções dos problemas escolares que responsabilizam os próprios alunos e seus ambientes extra-escolares (p. 196).

Assim, deve-se atentar para o *preconceito* em relação aos alunos e suas famílias, o qual não foi alvo de mudanças no contexto da Progressão Continuada, e cujos efeitos têm contribuído para a histórica produção do fracasso escolar brasileiro.

Análise detida acerca dos preconceitos é realizada por HELLER (1970), que afirma serem eles uma *categoria do pensamento e comportamento cotidianos*[19], *estereotipados* em maior ou menor grau, e de caráter *mediata ou imediatamente social*. Essa pensadora marxista define-os como sendo um *tipo particular* de *juízos provisórios*, que se *conservam inabalados* "contra todos os argumentos da razão", embora pudessem ser revistos "mediante a experiência, o pensamento, o conhecimento e a decisão moral individual" (p. 47).

Os preconceitos, embora sirvam para "consolidar e manter a estabilidade e a coesão da integração dada", não são *imprescindíveis*

---

[19] Destaca, ao mesmo tempo, que também há preconceito em esferas que se encontram *acima da cotidianidade*, pois que não há uma *muralha chinesa* entre elas.

a toda e qualquer coesão, mas apenas àquelas que se encontram *internamente ameaçadas* (p. 53). No contexto das sociedades capitalistas, que prometem formalmente (embora não possam cumprir) a igualdade e a liberdade, no entanto, os preconceitos tornaram-se *absolutamente necessários*, servindo para justificar sua não realização.

Embora fale de homens predispostos ao preconceito, HELLER destaca que esta é, de fato, uma *questão histórica*, apostando na possibilidade de sua superação, a partir de quando cada homem chegaria a ser *indivíduo*. Isso porque, o preconceito "*impede a autonomia do homem*, ou seja, diminui sua liberdade relativa diante do ato de escolha, *ao deformar e, conseqüentemente, estreitar a margem real de alternativa do indivíduo*" (p. 59, itálicos da autora).

No âmbito da presente pesquisa, as explicações dos professores para justificar o fracasso escolar de parte de seus alunos, conforme apresentado anteriormente, revelam um olhar pejorativo, marcado pela individualização dos problemas escolares. Ao mesmo tempo, no entanto, os professores reconhecem repercussões da política educacional, representada pela Progressão Continuada, no rendimento e comportamento dos alunos. A convivência dessas duas explicações antagônicas parece apontar para uma consciência dividida dos professores, a qual poderia ser alvo potencial de uma intervenção crítica no interior das escolas, visando alterar a realidade de exclusão discente *na* escola.

Faz-se necessária, portanto, uma análise mais complexa acerca dos múltiplos fatores que têm contribuído na produção da realidade escolar de fracasso, no qual ocupam papel de destaque não só as precárias condições objetivas das escolas públicas mas também o preconceito contra seus alunos (especialmente os mais pobres). A preocupação com o tema do preconceito torna-se ainda mais emblemática quando se nota que o próprio discurso oficial passa ao largo de sua crítica, senão o seu contrário, ou seja, ele afirma reiteradas vezes um olhar preconceituoso acerca dos alunos, não raro sob a *aparência* de científico.

A forma autoritária de implantação da Progressão Continuada na escola pública paulista, que, pelo exposto, excluiu a opinião e a participação dos professores, parece alimentar o *mal-estar docente* em relação ao trabalho. Tal mal-estar, embora não seja produzido unicamente pela Progressão Continuada, tem nela, certamente, um importante fator.

O mal-estar docente é analisado por BOURDIEU, que relata que na França a "satisfação aparente à grande demanda social pelo acesso a níveis de estudo mais elevados" foi feita "levando cada vez menos em consideração a opinião dos professores" (*op. cit.*, p. 524). Como *efeito paradoxal*, cresceu o saudosismo docente em relação ao antigo sistema educacional (aparentemente mais excludente). Desconcerto, desencorajamento, impotência, desesperança são sentimentos que assolam os professores mencionados em *A miséria do mundo*. E também são sentimentos que oprimem os professores participantes da presente pesquisa. Muitos diziam sentir que o trabalho tornou-se *ingrato*, especialmente porque a responsabilidade (para não dizer "culpa") pelos fracassos que acontecem na escola recai exclusivamente sobre eles.

Enfatizando que "a desmoralização dos professores é ao mesmo tempo efeito e componente" das diretrizes educacionais, a conclusão de BOURDIEU é certeira (p. 529):

> Minimizar as dificuldades ou imputá-las deste modo àqueles que as vivenciam é criar um obstáculo ao conhecimento rigoroso dos problemas dos estabelecimentos escolares. É contribuir para a desmoralização daqueles cujas condições para o exercício de sua profissão estão cada vez mais deterioradas.

Articulada à *exclusão* e ao *mal-estar docente* no contexto profissional, encontra-se a tão falada *resistência docente* à Progressão Continuada. GIROUX (1986) rejeita explicações tradicionais dos comportamentos de oposição na escola, retirando a resistência do campo dominante da psicologia funcionalista e conduzindo-a ao terreno da política. Segundo defende, a resistência "tem pouco a ver com a lógica de desviância, a patologia individual, o desamparo aprendido (e, é claro, as explicações genéticas)", tendo, outrossim, embora não exaustivamente, "muito a ver com a lógica da indignação moral e política" (p. 146).

Contrapondo-se às teorias reprodutivistas de educação, o autor lembra que a vida diária escolar não é feita apenas de *conformismo* de professores e alunos à sua estrutura opressiva, mas também de *resistência* e *transformação*. Assim, concebe as escolas como espaço não só de *dominação*, mas também de *contestação*, ou seja, como "locais sociais contraditórios marcados por luta e acomodação" (p. 157).

Se, por um lado, critica que o discurso oficial da escola "descarta a resistência, ou pelo menos a significação política da resistência", por outro lado, evita generalizar os comportamentos de oposição na categoria de resistência. Isso porque, tal como as "subjetividades que os constituem", eles são produzidos em meio a "discursos e valores contraditórios", podendo inspirar-se por interesses tanto *radicais* quanto *reacionários*. Assim, delimita a resistência a um certo tipo de oposição, de *função reveladora*, que faz a *crítica da dominação* e traz embasamento teórico para a *auto-reflexão* e para a *luta* pela *auto-emancipação* e pela *emancipação social*. Diz ele:

> Na medida em que o comportamento de oposição suprime contradições sociais enquanto simultaneamente se alia à lógica da dominação ideológica, ao invés de desafiá-la, ele cai não sob a categoria de resistência, mas sob a do seu oposto, isto é, acomodação e conformismo. O valor do construto de resistência está em sua função crítica, em seu potencial para falar das possibilidades radicais entranhadas em sua própria lógica e dos interesses contidos no objeto de sua expressão (p. 148).

GIROUX considera que a resistência pode ser tanto consciente quanto inconsciente, tanto latente quanto manifesta. Seu valor máximo é quando, por meio da reflexão crítica, ela se materializa em ações transformadoras.

PATTO (1990) também destaca que diante da lógica dominante, alunos e professores podem pautar-se na resistência, que, em muitos casos, não chega a ter o grau de consciência e ação desejadas por GIROUX. A autora fala em *resistência possível*, refletindo que os educadores,

> [...] enquanto sujeitos sociais portadores de saberes e de práticas elaborados no curso de sua história pessoal, resistem a intervenções nas quais pessoas investidas de autoridade, e muitas vezes autoritárias, querem lhes impingir um saber-fazer a partir do pressuposto de que eles não o têm. As resistências mobilizadas em tais situações podem ser tão intensas a ponto de conseguir minar as mais bem-intencionadas propostas geradas de cima para baixo com objetivo de melhorar a capacidade técnica dos docentes (pp. 349-350).

Posto isso, é possível trazer algumas reflexões sobre a *resistência docente* à Progressão Continuada. Inicialmente, deve-se questionar o desejo oficial de aplainá-la. Ora, se a democracia é o regime político do dissenso, que deve por princípio comportar a diversidade, para estar em conformidade com esse ideal, o poder público teria de buscar compreender o que produz resistência, perguntando-se: "a que os docentes dizem não?". Assim, deixaria de vê-la como sentimento/comportamento a ser extinto "em nome da ordem", focalizando, outrossim, as condições que a produzem. Vale destacar que a contrapartida da resistência, nesse sentido, não é necessariamente a concordância, mas por vezes a resignação, o conformismo, o apassivamento.

De fato, os professores participantes da pesquisa diziam "não" à Progressão Continuada, por diferentes motivos e de diversas maneiras. Tal negação, no entanto, referia-se muito mais à forma de implantação do que ao seu conteúdo pedagógico (sendo mais um "assim não" do que um "isso não"). Ao contrário, a maioria dos professores, em algum momento, mostrou concordância em relação a alguns preceitos dessa política. Assim, há um agravante ao qual deve-se atentar: se a Progressão Continuada tivesse sido implantada de outra forma, incluindo a participação dos professores, quando as possíveis resistências não seriam silenciadas mas compreendidas em seu caráter transformador, os resultados poderiam ser diferentes.

Daí se depreende que a oposição docente à Progressão Continuada pode ser produto de um processo de exclusão da voz e da vez dos professores, o que fica ainda mais claro quando se lembra da clara ausência de resistência à presente pesquisa. A experiência na escola pesquisada revelou que é possível realizar um trabalho com professores, no qual eles se envolvam criticamente, demonstrando profundo compromisso com a tarefa, o que chama a atenção para a questão dos limites e possibilidades de engajamento docente.

Uma análise crítica do comportamento de oposição/resistência docente deve focalizar os vários fatores que influenciam na sua produção. Assim, pode-se afirmar que a exclusão de sua participação ocupa lugar de destaque. Daí a importância de enfatizar que a resistência não possui caráter apenas intrapsíquico (como propala o discurso oficial), mas também político, casos em que ela faz frente à opressão. Os "nãos" constantes dos professores à Progressão Continuada, nesse sentido, não devem ser vistos como um "mal" individual a ser curado, mas como o engasgo gerado pelo sufocamento de suas opiniões.

No caso dos professores participantes da pesquisa, suas recusas em relação à Progressão Continuada permaneciam, quando muito, no plano discursivo ou em gestos de desagrado, não parecendo realizar-se em uma ação política organizada. Ao contrário, aplainadas pelo discurso e práticas oficiais, assemelhavam-se mais a um conformismo individualizado e vivido com sofrimento, também este sentido como individual.

A partir da presente pesquisa, pode-se dizer que a Progressão Continuada torna-se emblemática das mazelas que atingem historicamente a educação pública paulista, por amplificá-las, tornando mais visíveis alguns de seus funcionamentos que, embora venham sendo discutidos há décadas, não foram alvos de transformação: a *exclusão* que, *no interior da escola*, atinge alunos e professores; o *mal-estar docente* quando do exercício profissional; o *preconceito* entranhado nas escolas públicas paulistas; a *resistência docente* a algumas estratégias estatais de mudança e a falta de espaços coletivos de reflexão sobre os rumos e o papel da educação pública atual.

Para o real enfrentamento da dura realidade das escolas públicas, no entanto, é fundamental a realização de um trabalho institucional que vise problematizar e alterar as relações intersubjetivas que produzem o fracasso no processo de escolarização, o que requer ações coerentes com o objetivo democratizante. Tais ações, por sua vez, passam por mudanças concretas na escola, sobretudo, pela valorização objetiva do professor, o que significa atentar para questões relativas à participação, salário (atualmente aviltante) e qualidade da formação, temas amplamente discutidos na educação brasileira (especialmente em diversas obras de Florestan Fernandes, tal como aponta PATTO, 2000), mas que, no entanto, têm estado fora de foco das sucessivas políticas educacionais implementadas por decreto pelo Poder Público.

Referências bibliográficas

ALMEIDA JÚNIOR, A. Repetência ou Promoção Automática? *Revista Brasileira de Estudos Pedagógicos*. Rio de Janeiro, v. 27, n. 65, pp. 3-15, jan./mar., 1957.

ANTUNHA, E. L. G.; LOMBARDI, U.; BUENO, H. P. *Promoção automática*. São Paulo: Secretaria de Educação, 1961.

ARROYO, M. G. Ciclos de Desenvolvimento Humano e Formação de Educadores. *In: Educação e Sociedade*. Campinas, v. 10, n. 68, pp. 143-162, 1999.

BOURDIEU, P. (coord.). *A miséria do mundo.* Petrópolis: Vozes, 1999.

CHAUI, M. *O que é ideologia.* São Paulo: Brasiliense, 1980.

_____ .*Cultura e Democracia.* São Paulo: Editora Cortez, 1997.

CONSELHO ESTADUAL DE EDUCAÇÃO. Regime de Progressão Continuada. *Legislação do Ensino de Fundamental e Médio.* São Paulo, pp. 150-155, 1997a.

_____ . Avaliação e Progressão Continuada. *Legislação do Ensino de Fundamental e Médio.* São Paulo, pp. 254-257, 1997b.

CORTINA, R. L. *Política Educacional Paulista no Governo Covas (1995-1998): uma avaliação política sob a perspectiva da modernização.* São Paulo, 2000. Tese (Doutorado). Faculdade de Educação, Universidade de São Paulo.

CRUZ, S. H. V. *O Ciclo Básico construído pela escola.* São Paulo, 1994. Tese (Doutorado). Instituto de Psicologia, Universidade de São Paulo.

DEMO, P. Promoção Automática e Capitulação da Escola. *Ensaio.* Rio de Janeiro, v. 6, n. 19, pp. 159-190, abr./jun., 1998.

ESPOSITO, Y. L. *A Implantação do Ciclo Básico nas Escolas Estaduais de São Paulo: avaliação do primeiro ano.* São Paulo: Secretaria da Educação, 1985.

EZPELETA, J. e ROCKWELL, E. *Pesquisa Participante.* São Paulo: Editora Cortez, 1986.

FAUSTO, B. *História do Brasil.* São Paulo: EDUSP/FDE, 1999.

FERRARO, A. R. Diagnóstico da escolarização no Brasil. *Revista Brasileira de Educação.* ANPEd, n. 12, pp. 22-47, set./out./nov./dez., 1999.

GIROUX, H. *Teoria crítica e resistência em educação: para além das teorias de reprodução.* Petrópolis: Vozes, 1986.

HADDAD, S.; WARDE, M. J. e TOMMASI, L. (orgs.). *O Banco Mundial e as Políticas Educacionais vista de Educação.* São Paulo: Editora Cortez, 2000.

HELLER, A. *O Cotidiano e a História*. São Paulo: Paz e Terra, 1970.

KUBITSCHEK, J. Reforma do Ensino Primário com base no sistema de Promoção Automática. *Revista Brasileira de Estudos Pedagógicos*. Rio de Janeiro, n. 65, v. XXVII, pp. 141-145, jan.-mar., 1957.

LEITE, D. M. Promoção Automática e adequação do currículo ao desenvolvimento do aluno. *Revista Estudos em Avaliação Educacional*. São Paulo, Fundação Carlos Chagas, n. 19, pp. 5-24, jan.-jul., 1999.

MAINARDES, J. A promoção automática em questão: argumentos, implicações e possibilidades. *Revista Brasileira de Estudos Pedagógicos*. Brasília, n. 192, v. 79, mai./ago., 1998.

NEUBAUER, R. Quem tem medo da progressão continuada? Ou melhor, a quem interessa o sistema de reprovação e exclusão social? *Revista de Educação e Informática*. São Paulo, SEE – SP, n. 14, dez., 2000.

NEUBAUER, R. e DAVIS, C. É Proibido Repetir – Avaliação Educacional. *Apostilas Progresso: Legislações e Normas Básicas, Livros e Artigos para concurso público para diretor de escola*. São Paulo, SEE – SP, dez., 2001.

PATTO, M. H. S. *A Produção do Fracasso Escolar: histórias de submissão e rebeldia*. São Paulo: T. A. Queiroz Editor, 1990.

_____. Para uma crítica da razão psicométrica. *Revista Psicologia USP*. São Paulo, USP – IP, v. 8, n. 1, pp. 47-62, 1997.

_____. *Mutações do Cativeiro*. São Paulo: Hacker Editores/ EDUSP, 2000.

PENIN, S. Qualidade de Ensino e Progressão Continuada. *A Construção da Proposta Pedagógica da Escola: Planejamento 2000*. São Paulo: SEE/CENP, 2000.

RIBEIRO, S. A. Educação e a inserção do Brasil na modernidade. *Cadernos de Pesquisa*. São Paulo, Fundação Carlos Chagas, n. 84, 1991.

SADER, E. & GENTILI, P. (orgs.). *Pós-neoliberalismo – as Políticas Sociais e o Estado Democrático*. Rio de Janeiro: Paz e Terra, 1995.

SAMPAIO DÓRIA, A. Contra o analphabetismo. *Anuário do Ensino do Estado de São Paulo*. São Paulo: Diretoria da Instrução Pública, 1918.

SÃO PAULO (Estado). Secretaria do Estado da Educação, Departamento de Educação, Chefia do ensino primário. *Programa da escola primária do Estado de São Paulo*. São Paulo, 1969.

_____. Secretaria do Estado da Educação, Coordenadoria de Estudos e Normas Pedagógicas. *Ciclo Básico*. São Paulo: SE/CENP, 1987.

_____. Secretaria do Estado da Educação, Centro de Informações Educacionais. *Desempenho Escolar – Rede Estadual (Estado de São Paulo)*. CIE/SEE – SP, 2000.

SILVA, A. São Paulo Adota Dois Ciclos Sem Reprovação. *Nova Escola On-line Política Educacional*, novembro de 1997.

A Inclusão Escolar de Pessoas com Necessidades Especiais na Rede Estadual de São Paulo:
A dissimulação da exclusão

CARLA BIANCHA ANGELUCCI[1]

O passado traz consigo um índice misterioso, que o impele à redenção. Pois não somos tocados por um sopro do ar que foi respirado antes? Não existem nas vozes que escutamos, ecos de vozes que emudeceram? Não têm as mulheres que cortejamos irmãs que elas não chegaram a conhecer? Se assim é, existe um encontro secreto, marcado entre as gerações precedentes e a nossa. Alguém na terra está à nossa espera. Nesse caso, como a cada geração, foi-nos concedida uma frágil força messiânica para a qual o passado dirige um apelo. Esse apelo não pode ser rejeitado impunemente. O materialista histórico sabe disso.

Walter Benjamin

---

[1] Psicóloga, doutoranda em Psicologia Social e mestre em Psicologia Escolar pelo Instituto de Psicologia da Universidade de São Paulo. Docente do Instituto Presbiteriano Mackenzie e das Faculdades Taboão da Serra; psicóloga clínica de orientação psicanalítica.

Introdução

No final da década de 1990, através das Novas Diretrizes da Educação Especial (2000), acompanhadas pela Resolução 95/2000, os profissionais da rede estadual de educação de São Paulo foram comunicados sobre as transformações do atendimento à população com necessidades educativas especiais. A adesão do discurso oficial ao que comumente vem sendo chamado de inclusão escolar foi evidenciada pela priorização da escolarização em salas regulares. Segundo tais documentos, a decisão relativa ao equipamento educacional mais indicado para cada aluno – freqüência à sala regular com ou sem acompanhamento em sala de recursos, sala especial ou escola de educação especial – deveria realizar-se, preponderantemente, a partir de avaliação pedagógica, que poderia fazer-se acompanhar de avaliações realizadas por profissionais de saúde.

Um passo definitivo foi dado naquele momento, posto que tais documentos posicionavam-se contrariamente à segregação, fluxo "natural" da escolarização desse segmento populacional na história da Educação Especial no Brasil e no mundo[2].

Àqueles que participam do dia-a-dia escolar e sustentam a necessidade de debates que conduzam à superação real do sistema segregado de ensino e, portanto, da lógica educacional excludente, tais diretrizes causaram grande estranheza. Um pequeno momento de comemoração – enfim, a Educação Especial deixava de ser tratada como questão lateral! – foi logo sucedido por desconfiança: que sentido teriam esses documentos dentro da política educacional? A que interesses estariam subordinados? Como se daria a sua concretização?

O acompanhamento cuidadoso do dia-a-dia escolar revela o quanto a atual política educacional tem conduzido ao esfacelamento do espaço público, da garantia do direito à educação com qualidade,

---

[2] A este respeito, podemos nos remeter a BUENO (1993).

da dignidade de trabalhadores e usuários da educação, causando perplexidade a implantação de medidas inclusivas referentes a uma população historicamente expropriada de seus direitos[3]. Instala-se aí uma aparente contradição que merece atenção daqueles que procuram contribuir para a garantia, de fato, do direito universal à educação.

Tivemos a oportunidade de desenvolver uma pesquisa que visava a compreender, fundamentalmente, como educadoras, cujas práticas revelam disposição em incluir, em classes regulares, alunos que comumente não as freqüentariam, vêm se apropriando da atual política estadual de inclusão escolar de alunos com necessidades especiais[4]. Para tanto, realizamos breves considerações sobre o momento do capitalismo em que se inseria a proposta de inclusão; apresentamos as políticas educacionais que, na última década, visaram à reversão do quadro de acentuada exclusão escolar; examinamos a história da educação especial no que concerne à discussão sobre segregação e inclusão de alunos com deficiência. Tudo isso para construir um campo de entendimento para o depoimento de uma educadora a respeito de sua experiência com crianças com necessidades educativas especiais antes e depois da implantação da proposta estadual.

No presente artigo, apresentamos as reflexões pertinentes à relação entre a proposta de inclusão escolar de pessoas com necessidades especiais, a partir da divulgação das Novas Diretrizes de Educação Especial, em setembro de 2000, e a política educacional do Estado de São Paulo. Partimos do pressuposto de que a compreensão desta complexa relação é necessária para que sejam revelados os reais compromissos políticos da proposta de inclusão escolar em questão. Desta maneira, poderemos reunir elementos para compreender as formas atuais de concretização da inclusão escolar.

---

[3] Ver GENTILI, P. (2000).
[4] ANGELUCCI, C.B. (2002). Agradeço o acompanhamento cuidadoso e diligente da professora Maria Helena Souza Patto, que orientou meus trabalhos desde a iniciação científica até o mestrado, e que, hoje e sempre, marca meu percurso na psicologia, minhas escolhas na vida.

Sendo assim, inicialmente, apresentamos uma breve consideração a respeito do momento do capitalismo a que se subordinava a política educacional em questão, o chamado neoliberalismo. Em seguida, os esforços de redução dos índices de exclusão escolar, no Estado de São Paulo, empregados durante a década de 1990 são comentados. São introduzidos, então, a Conferência Mundial sobre Necessidades Educativas Especiais e um breve panorama da Educação Especial no Brasil, a partir do que podemos diferenciar três momentos do pensamento em Educação Especial: segregação, integração e inclusão. É no entrelaçamento dessa rede que podemos encontrar o sentido da proposta de inclusão de pessoas com necessidades especiais na rede estadual de ensino.

O mercado de ilusões e a "sociedade inclusiva"

Definir o que hoje chamamos de neoliberalismo é tarefa bastante árdua. CHAUI (1999) atribui essa dificuldade à insuficiência de estudos atuais sobre esse fenômeno e ao rumo divergente que o neoliberalismo tomou em relação ao que seus fundadores pretendiam na década de 1940. Entretanto, segundo a autora, alguns traços característicos desse momento podem ser enumerados: a) o desemprego estrutural; b) o capitalismo financeiro, marcado pela desvalorização do trabalho produtivo e pelo destaque dado ao dinheiro; c) o aumento do setor de serviços e a terceirização, que fragmenta e dispersa a produção, assim como reduz ainda mais a possibilidade de organização dos trabalhadores; d) o monopólio dos conhecimentos e da informação; e) a rejeição da presença estatal não só no âmbito do mercado como também das políticas sociais; f) a ressignificação do Estado nacional, devido à transnacionalização da economia, o que faz do Fundo Monetário Internacional e do Banco Mundial os centros econômicos, jurídicos e políticos; g) a substituição da divisão entre países de primeiro e terceiro mundo pela existência, em cada país, de bolsões de riqueza e de miséria absoluta.

Mas o neoliberalismo não tem apenas as dimensões econômica e política, ele é também ideologia:

> A este conjunto de condições materiais, [...] corresponde um imaginário social que busca justificá-las (como racionais), legitimá-las (como corretas) e dissimulá-las enquanto formas contemporâneas da exploração e dominação. Esse imaginário social é o neoliberalismo como ideologia... (CHAUI, 1999, p. 32).

Ideologia que, de modo geral, prega o retorno a princípios liberais, *radicalizando*, porém, a aposta na eficiência reguladora das leis de mercado e na desnecessidade da ação mediadora do Estado.

Nessa retomada do liberalismo, o relativismo que tolera diferenças e faz despontar as lideranças através dos conflitos – característico do liberalismo em seu momento inaugural[5] – é interpelado pela "fabricação de um consenso imposto" (OLIVEIRA, 1999, p. 80). A desmoralização de falas divergentes, as tentativas constantes de quebra da representatividade de entidades sociais (como os sindicatos e associações, por exemplo), através da substituição de negociações trabalhistas coletivas por "conversas" individuais ou em pequenos grupos – enfim, o convite ao desaparecimento do espaço público e, portanto, da política[6], justificam a necessidade do prefixo "neo" acrescentado à expressão liberalismo.

---

[5] MATTEUCCI (1986) afirma: "Essa defesa da autonomia moral do indivíduo provoca uma concepção de relativismo, que aceita o pluralismo dos valores como algo positivo para toda a sociedade, a importância da dissensão, do debate e da crítica e não recua diante do conflito e da competição. A única limitação, para o conflito e a competição, é a necessidade de sua institucionalização, nos costumes mediante a tolerância, na política mediante instituições significativas, que garantam o debate (o *parliamentum*), e mediante normas jurídicas gerais, uma vez que somente no direito é possível encontrar um critério de coexistência entre as liberdades e/ou as arbitrariedades dos indivíduos" (p. 701). A competição e o conflito constituiriam o meio mais propício ao surgimento de "aristocracias naturais e espontâneas, elites abertas, capazes de impedir a mediocridade do conformismo de massa" (p. 701).

[6] OLIVEIRA (1999) utiliza-se da definição de política de RANCIÈRE: "reivindicação da parcela dos que não têm parcela, [...] reivindicação da fala, que é, portanto, dissenso em relação aos que têm direito às parcelas, que é, portanto, desentendimento em relação a como se reparte o todo, entre os que têm parcelas ou partes do todo e os que nada têm" (pp. 60-1).

Mesmo diante do desaparecimento dos postos de trabalho, cada pessoa continua sendo instigada, dentro do espírito de retomada do ideário liberal, a qualificar-se profissionalmente através da escola e a procurar incansavelmente por um emprego, sob a promessa de que os melhores vencerão. Esta "saudável competição", diz-se, levará ao contínuo aperfeiçoamento das relações mercantis e, conseqüentemente, à satisfação das necessidades dos homens-consumidores.

Contudo, é imprescindível reconhecer que, mesmo que desempregados e desnecessários, nem por isso deixamos de estar incluídos na sociedade:

> Tantas vidas encurraladas, manietadas, torturadas, que se desfazem, tangentes a uma sociedade que se retrai. Entre esses despossuídos e seus contemporâneos, ergue-se uma espécie de vidraça cada vez menos transparente. E como são cada vez menos vistos, como alguns os querem mais apagados, riscados, escamoteados dessa sociedade, eles são chamados de excluídos. Mas, ao contrário, eles estão lá, apertados, encarcerados, incluídos até a medula! Eles são absorvidos, devorados, relegados para sempre, deportados, repudiados, banidos, submissos e decaídos, mas tão incômodos: uns chatos! Jamais completamente, não, jamais suficientemente expulsos! Incluídos, demasiado incluídos, e em descrédito (FORRESTER, 1997, p. 15).

Cada indivíduo é incitado constantemente a dar o melhor de si, qualificar-se, superar a si próprio e aos outros, sob o argumento de que aos melhores estarão asseguradas as grandes oportunidades de trabalho. Os demais – tidos como "despreparados", "incompetentes" – estão condenados à "exclusão". É neste jogo que o homem se encontra; dito excluído da sociedade, é objeto de projetos de "inclusão social" que, na verdade, só fazem encobrir a realidade de que é absolutamente necessário que ele se *sinta* sempre do lado de fora, mas com toda a possibilidade de "entrar" e "fazer parte" da sociedade, desde que tenha competência para tanto. Jogo que tem por objetivo que o homem continue, como sempre, incluído na lógica do sistema social, só que em um lugar que permita que o estado de coisas não se altere significativamente.

É isto o que a expressão "sociedade inclusiva" obscurece: o fato incontestável de que socialmente todos estamos incluídos, mesmo que *aparentemente* excluídos. Querem fazer-nos acreditar que há os que se enquadram, que pertencem à sociedade, dela participam e nela se satisfazem; e aqueles que, supostamente do lado de fora, precisam ser incluídos através de operações pseudodemocráticas de resgate.

O homem descobre-se, então, lutando solitariamente por qualquer emprego, quase não vendo mais perspectivas de organização contra as péssimas condições de trabalho e a ausência de benefícios socialmente conquistados. A diminuição das discussões coletivas e dos espaços públicos causa um desenraizamento tal que o reconhecimento da sua própria humanidade torna-se difícil, assim como o estabelecimento de alguma comunidade com o outro (PAOLI, 1999, p. 12).

A permanência da lógica excludente nas políticas de inclusão escolar

Fenômeno bastante real, posto que sempre existiram no Brasil tanto crianças e jovens que não têm acesso à escola, quanto os que a freqüentam, mas dela não se beneficiam, a exclusão escolar – e sua reversão – tem sido alvo das políticas educacionais nos últimos anos (PATTO, 2000). Políticas que aumentam na mesma medida em que o modelo econômico e político neoliberal crescentemente elimina postos de trabalho e exclui parcelas da população dos direitos sociais.

É nesse contexto de uma política educacional de inclusão dos que estão de fato excluídos que surge o projeto estatal de inclusão escolar de crianças e jovens com necessidades especiais.

As políticas educacionais de inclusão

No final da Primeira República no Brasil, o número de analfabetos chegava a 75% (PATTO, 1990, p. 76). Na década de 1930, com a criação do Ministério da Educação e da Saúde Pública e com a Constituição de 1934 – instituindo a gratuidade e reiterando a obrigatoriedade do ensino primário – teve início uma lenta e gradual expansão do sistema educacional brasileiro. Ainda na década de 1960, o número de pessoas entre 5 e 24 anos que não freqüentavam a escola era bastante alto, correspondendo a 70% dessa população[7].

Coincidindo com a abertura política, a década de 1980 foi marcada pelo investimento na expansão da rede de ensino. O discurso oficial de então, considerando o elevado percentual de alunos que abandonavam o 1º grau sem o concluir, introduzia a preocupação em garantir às crianças e jovens em idade escolar, além do acesso à escola, a permanência nela.

Somando-se o número de crianças entre 7 e 14 anos que não tinham acesso à escola aos alunos precocemente excluídos e aos que permaneciam na escola sem que resultados significativos fossem alcançados (caso dos multi-repetentes, alunos de fileiras tidas como "fracas" ou de classes especiais) chega-se à conclusão que, no final da década de 1980, 2/3 dessa população não estavam se beneficiando da escolarização (RIBEIRO, 1990, *apud*. PATTO, 2000, p. 191).

Instituições de pesquisa como a Fundação Carlos Chagas, por exemplo, começaram a problematizar o caráter democrático da educação escolar brasileira, ou detalhando a análise estatística do acesso, da evasão e da repetência escolares, ou desvelando mecanismos de exclusão – alguns brutais, outros mais sutis – presentes na vida escolar. Nesse período, toma corpo a pesquisa educacional voltada a uma compreensão mais ampla do cotidiano escolar: este fenômeno passa a ser entendido no bojo da política

---

[7] Vide ANEXO I: Taxas de Matrículas de Alunos entre 5 e 24 Anos Efetivadas no Brasil. 1940-1970.

educacional que, por sua vez, está em consonância com a política social e econômica vigente.

Diante desse quadro, iniciam-se projetos governamentais que visam à garantia do acesso e da permanência na escola das crianças e jovens em idade escolar. No início da década de 1980, no Estado de São Paulo, por exemplo, é implementado o Ciclo Básico que, dentre outras medidas, elimina a reprovação na 1ª série do 1º grau, sob o argumento de que se deve *"... assegurar ao aluno o tempo necessário para superar as etapas da alfabetização"*[8]. É o início de um período de Reformas Educacionais que, com o objetivo proclamado de democratizar a educação escolar, pautam-se em concepções e formas de implementação preconceituosas em relação à clientela das escolas públicas e que desconsideram a necessidade da participação popular na reversão do quadro de exclusão que atravessa a história educacional do Brasil[9].

Durante a década de 1990, sob um novo momento do capitalismo internacional, a política educacional continua a promover ações no sentido da expansão do atendimento, porém, agora destituída de intenção democratizante. A educação passa a ser entendida não mais como instância política, mas como procedimento técnico a serviço do desenvolvimento de competências e habilidades que permitam maior competitividade – seja entre indivíduos, por escassos postos de trabalho, seja do país perante o novo cenário econômico mundial. É assim que a política educacional ingressa na rota do engodo, posto que vende a ilusão de ascensão social e de empregabilidade. Constroem-se estatísticas que falem de inclusão escolar e de sucesso da política educacional, que vendam uma imagem positiva do país no exterior, que mantenham internamente a ilusão de que se está superando a "crise" que o país atravessa, e que gerem dividendos para os

---

[8] Decreto Estadual nº 21.833, de 28 de dezembro de 1983. *Institui o Ciclo Básico no ensino de1º grau das escolas estaduais* (CRUZ, 1994).

[9] A respeito das repercussões da implantação do Ciclo Básico no Estado de São Paulo, ver CRUZ (1994).

governantes. Para tanto, aposta-se em programas de correção de fluxo escolar, que têm como principal objetivo baratear o financiamento da educação pelo Estado, fazendo com que a maior parte do alunado chegue ao final da escolarização básica o mais rápido possível, não importando a qualidade do ensino oferecido.

ROMAN (1999), ao discutir a relação entre neoliberalismo e a presente política educacional atenta para a compreensão reduzida da própria Pedagogia como conjunto de técnicas:

> Elevando ao máximo os valores da meritocracia, a escola é declarada como o meio a partir do qual a criança pobre poderá se "instrumentalizar" (marca da educação tecnocrática) para ser um adulto bem-sucedido no mercado de trabalho e, portanto, na sociedade do próximo milênio. [...] A escola, por sua vez, é equipada com novas tecnologias de informação para assegurar o acompanhamento de um mundo que se move na velocidade estonteante dos elétrons a percorrerem os chips. As últimas novidades em administração são transplantadas para o ambiente escolar, otimizando assim a produção de mentes prontas para os desafios da modernidade. Sólidas e conceituadas metodologias de ensino são adotadas pela escola pública, consistentemente baseadas nas mais recentes pesquisas psicológicas e suprindo definitivamente a falta de compreensão que se tinha dos processos internos da aprendizagem. Estaria assim resolvido o problema da educação, que seria de ordem técnica[...] (pp. 180-181).

Segundo a Contagem Populacional de 1996, em um universo de 8,7 milhões pessoas entre 5 e 17 anos no Brasil, 4,74 milhões não freqüentavam a escola; entre 7 e 17 anos, 1,46 milhão declararam nunca terem usufruído o sistema escolar (FERRARO, 1999, pp. 29-32). Baseado nos dados censitários e, portanto, atento ao que os números podem mostrar acerca da exclusão escolar, este pesquisador utiliza-se da categoria "forte defasagem", ou seja, dois anos ou mais de defasagem série-idade[10], para demonstrar que o fenômeno da exclusão também está presente no interior das escolas: se a forte defasagem entre as crianças de 8 anos atinge o percentual de 5,25, a partir dos 9 anos, esse percentual aumenta vertiginosamente: 9 anos: 20,4%; 10 anos: 29,9%, chegando, para os jovens de 14 anos, a 45,9% e mantendo-se na faixa de 36 a 44% até os 17 anos[11].

Reorganização de escolas por faixa etária, Classes de Aceleração/Correção de Fluxo, Recuperação nas Férias, Progressão Continuada[12] são algumas das medidas desenvolvidas durante a década de 1990 no Estado de São Paulo, tendo em vista reduzir abruptamente a defasagem série-idade e a evasão escolar. No entanto, nenhum desses projetos implicou, até o momento, em mudanças substantivas na qualidade do ensino nas escolas públicas estaduais, a julgar por depoimentos de usuários e por resultados obtidos pelo país em avaliações internacionais de rendimento escolar.

Em resumo,

> [...] diante dos altos índices de reprovação e evasão decorrentes de descasos crônicos da política educacional brasileira, Secretarias de Educação estaduais e municipais vêm tentando, desde os anos oitenta, implantar procedimentos que mantenham os excluídos potenciais na Escola, a partir do princípio de que "não basta ter acesso à escola, é preciso permanecer nela". Mas esse discurso foi além: documentos inaugurais de reformas e projetos passaram a enfatizar como meta não só a permanência, mas a promoção do "sucesso escolar". Resta saber o que de fato se tem entendido por isso (PATTO, 2000, pp. 193-194).

---

[10] FERRARO (1999) admite como padrão esperado que uma criança de 7 anos esteja cursando a 1ª série da Educação Fundamental; que uma criança de 8 anos esteja cursando a 2ª série etc. De onde a conclusão de que uma criança com nove anos, cursando a 1ª série, esteja fortemente defasada, e assim por diante. (p.37).

[11] Os dados em que se baseia a pesquisa referem-se a um período em que a prática da reprovação estava presente no sistema escolar, diferentemente do que vemos hoje. Alguns estados adotaram, para fins de correção de fluxo do alunado, a Progressão Continuada.

[12] A respeito da Progressão Continuada, ver o capítulo de VIÉGAS.

Se dirigirmos nosso olhar ao movimento de "democratização" da escola tal como vem se materializando, concordamos que seu objetivo é "... muito mais pôr em andamento a marcha pelos sucessivos graus escolares, sem reprovações, do que oferecer uma boa formação intelectual" (p. 195). Sobre os que ocupam os bancos escolares, o "... resultado é a presença nas escolas de um contingente de 'excluídos potenciais', vítimas de uma nova modalidade de exclusão escolar que mantém os excluídos no interior da escola" (p. 190).

Foram assimiladas pelo governo as críticas acadêmicas que afirmam a necessidade de transformação da gestão escolar, a partir da denúncia dos efeitos negativos de práticas como a reprovação, a fragmentação de conteúdos e a avaliação do indivíduo (e não do processo de ensino-aprendizagem). Porém, essa assimilação ocorreu de maneira tão deformada – sem que a visão de homem, de sociedade e de educação em que se baseiam fosse apreendida – que redundou tão somente em medidas técnicas de contenção da massa de alunos no interior das escolas pelo tempo necessário à conclusão da escolaridade fundamental.

> Idéias como descentralização, gestão democrática e educação para a cidadania sempre foram defendidas por todos que buscavam, na oposição ao governo, uma educação que fosse capaz de impulsionar um projeto de mudanças estruturais e profundas para a sociedade brasileira. Eis que agora estas idéias passam a fazer parte do projeto que o próprio governo apresenta como diretrizes para a educação pública. Estaríamos então diante de um governo revolucionário? Decididamente não (ROMAN, 1999, p. 172).

Neste contexto, é possível afirmar que a preocupação com a escolarização das pessoas com necessidades especiais deve seguir os mesmos interesses da atual política educacional de inclusão, até mesmo no que se refere à apropriação de documentos como a Declaração de Salamanca (1994) e à crítica realizada à educação especial por autores comprometidos legitimamente com a oferta de educação para todos.

A Conferência Mundial sobre Necessidades Educativas Especiais

A Conferência Mundial sobre Necessidades Educativas Especiais, realizada em Salamanca (Espanha) entre 7 e 10 de junho de 1994, foi organizada pela UNESCO em cooperação com o Ministério da Educação e Ciência da Espanha. Nessa ocasião, reafirmando o compromisso com a Educação para Todos e "... reconhecendo a necessidade e a urgência de ser o ensino ministrado, no sistema comum de educação, a todas as crianças, jovens e adultos com necessidades educativas especiais...", foi elaborada a Declaração de Salamanca e Linhas de Ação sobre Necessidades Educativas Especiais. As repercussões da Conferência e de seus escritos são inúmeras, marcando a premência de discussões sobre o atendimento educacional que vem sendo oferecido a este segmento da população. Verdadeiro divisor de águas, a Declaração resultou de constante jogo de forças entre representantes de mais de 92 governos, que marcavam – isto sim, indiscutivelmente – uma posição contrária à exclusão escolar.

A justificativa apresentada para que se construa uma intensa campanha de "integração" das crianças com necessidades educativas especiais em escolas comuns – que devem ser projetadas tendo em vista o atendimento a todos, e ter uma "pedagogia centralizada" na criança – enfatiza o argumento de que a escola:

> [...] é o meio mais eficaz de combater atitudes discriminatórias, de criar comunidades acolhedoras, construir uma sociedade integradora e dar educação para todos; além disso, proporcionam [as escolas regulares] uma educação efetiva à maioria das crianças e melhoram a eficiência, e, certamente, a relação custo-benefício de todo o sistema educativo (BRASIL, 1994, p. 10).

Feitas as apresentações e justificativas, o documento apela: a) aos governos, para que dêem prioridade política e orçamentária à educação; adotem, na forma de lei ou de política, o princípio da integração; desenvolvam projetos de intercâmbio de experiências; descentralizem a gestão e a avaliação escolares; promovam a participação da comunidade; melhorem seus serviços de identificação e atendimento às crianças com necessidades especiais; assegurem formação contínua aos profissionais; e b) às agências internacionais, para que defendam o enfoque da "escolarização integradora"; aumentem a cooperação técnica; arrecadem fundos para a criação de um amplo programa de "integração".

As Linhas de Ação propostas pela Declaração de Salamanca justificam novamente a necessidade de "integração" das crianças com necessidades educativas especiais, desta vez revelando outros fundamentos:

> [...] a integração e a participação fazem parte essencial da dignidade humana e do gozo do exercício dos direitos humanos. No campo da educação, essa situação se reflete no desenvolvimento de estratégias que possibilitem uma autêntica igualdade de oportunidades (p. 23).

No mesmo documento é apresentado, enfim, o conceito de necessidades educativas especiais:

> [...] refere-se a todas as crianças e jovens cujas necessidades decorrem de sua capacidade ou de suas dificuldades de aprendizagem. Muitas crianças experimentam dificuldades de aprendizagem e têm, portanto, necessidades educativas especiais em algum momento de sua escolarização (p. 18).

É relevante considerarmos que o simples deslizamento semântico de idiotas, retardados, anormais, excepcionais para pessoas com necessidades educativas especiais não é suficiente para garantir um outro lugar social àqueles que são enquadrados nessa categoria, afinal "não há mais nenhuma expressão que não tenda a concordar com as direções dominantes do pensamento, o que a linguagem desgastada não faz espontaneamente é suprido com precisão pelos mecanismos sociais" (HORKHEIMER & ADORNO, 1985, p. 12).

Sem dúvida alguma, a existência de uma legislação e de diretrizes educacionais que apontem para o direito à escolarização regular é fundamental, assim como é a presença de uma nomenclatura que sublinhe, antes de tudo, a condição de humano, para depois designar, pelo uso de tal ou qual complemento, a necessidade peculiar da pessoa. Mas somente profundas transformações das relações, dos diversos equipamentos sociais e suas práticas vinculadas etc. é que poderão assegurar, de fato, um outro lugar social aos homens.

Em *A inclusão de alunos deficientes nas classes comuns do ensino regular*, BUENO (2001) aponta que, embora a expressão necessidades educativas especiais seja mais abrangente, a Declaração acaba por se restringir à educação das pessoas com deficiência, o que contém um aspecto positivo:

> [...] ao tratar da questão da educação dos deficientes dentro do âmbito da educação para os alunos com necessidades educacionais especiais e, esta, dentro do princípio fundamental de educação para todos, oferece possibilidades para que se rompa o dualismo existente até hoje entre educação regular e educação especial.
> Isto é, a educação dos alunos deficientes pode ser tratada dentro do âmbito dos alunos que expressam o fracasso da escola de massas, que, via de regra, são originários das parcelas marginalizadas, tais como as minorias lingüísticas, étnicas, culturais e, nos países periféricos, a massa pauperizada pelos modelos econômicos adotados (p. 23).

Urge que a escola transforme-se no sentido da oferta de educação com qualidade a todos, no arco amplo das *diferenças* individuais, que vão de estilos cognitivos diferentes, padrões culturais diferentes, até habilidades e capacidades diferentes.

O atendimento aos alunos com necessidades especiais: segregação, integração, inclusão

Diferentemente das estatísticas referentes ao acesso e à permanência na escola pública fundamental regular – ambas consideradas questões superadas pela política educacional desde a década de 1990 – o quadro da escolarização das pessoas com algum tipo de deficiência[13] aponta na direção da persistência desses problemas até hoje.

Embora a criação, no II Império, do Instituto dos Surdos-Mudos (hoje Instituto Nacional de Educação dos Surdos – INES) e do Imperial Instituto dos Meninos Cegos (hoje Instituto Benjamin Constant), ambos situados no Rio de Janeiro, seja tomada como marco da educação especial no Brasil[14], foi somente a partir de 1970, que esta passou a ser alvo das políticas do governo federal. Em 1973 foi criado o Centro Nacional de Educação Especial (CENESP), que tinha por finalidade *"a expansão e melhoria do atendimento aos excepcionais"* (BUENO, 1993, p. 101). Para tanto, dois Planos Nacionais de Educação Especial foram elaborados entre 1975 e 1979. Analisando seus efeitos, BUENO concluiu que a ampliação de vagas para a população com deficiência proporcionada pelos Planos de Educação Especial não pode ser considerada expressiva: em 1974 eram 96.413 as pessoas com deficiência matriculadas, passando a 102.268 em 1981 e a 159.325 em 1987. Além disso, o autor evidencia que esse aumento não significou acréscimo de oferta de educação pública, dado que as matrículas na rede privada continuaram representando mais de 40% das vagas (pp. 118-120).

Em 1999, ou seja, doze anos depois, estavam registradas 374.129 matrículas de pessoas com deficiência, das quais 47,5% na rede privada (ANEXO II). Dados de 2003 também não são muito

---

[13] Como veremos, o termo "deficiência" e seus correlatos (excepcionalidade, anormalidade, entre outros) pouco esclarece-nos acerca das condições humanas que designa.

[14] Diversos estudos já foram desenvolvidos nessa área, a exemplo de BUENO, 1993.

animadores: são 500.375 alunos com algum tipo de deficiência matriculados em todo o sistema de educação formal. Diante da eloqüência desses números, em uma política que afirma conquistados os direitos de acesso e permanência da totalidade das crianças e jovens brasileiros na escola, perguntamos: a quem estará garantido o acesso à educação formal e a permanência nela?

O Estado de São Paulo já mantinha um serviço de Educação Especial desde 1966, mas o atendimento ao chamado "excepcional" data da década de 1930, com a criação do Serviço de Saúde Escolar. Nos princípios norteadores dos Planos de Atendimento à Educação Especial do Estado de São Paulo, elaborados para os anos 1972 a 1975 e 1976 a 1979, a criança "excepcional" era assim caracterizada:

> [...] desvios tão acentuados de ordem intelectual, física ou social, do crescimento e do desenvolvimento considerados normais, a ponto de não se beneficiarem do programa de uma escola comum, exigindo classes especiais ou ensino e serviços suplementares para sua educação (SÃO PAULO, SE/SEE, 1972, p. 7, *apud.* BUENO, 1993, p. 124).

A "excepcionalidade" é apresentada como condição permanente, podendo originar-se de "desvios sociais", e é justificativa para o atendimento educacional segregado.

Acerca da ampliação do número de vagas para essa população, BUENO (1993), ao apresentar o número de matrículas na rede estadual de 1º grau durante os anos de 1985 e 1987, revela que o aumento das já insuficientes matrículas de alunos na educação especial não acompanhou sequer o aumento geral do número de matrículas na educação regular (p. 130). Ou seja, se supusermos que a relação de proporção entre crianças que não necessitam de educação especial e crianças que necessitam de educação especial se manteve nesse período de três anos, o crescimento populacional não justifica que o aumento do número de matrículas de alunos na educação especial não acompanhe o aumento de matrículas na educação regular.

Aprofundando os dados relativos ao ano de 1987, BUENO verifica que do total de 41.144 alunos com algum tipo de deficiência, apenas 19.751 estavam matriculados na rede estadual, dos quais 1.179 (5,9%) estavam matriculados em Pré-Escolas; 18.547 (93,3%) no 1º Grau; 25 (0,1%) no 2º Grau (p. 134):

> Com relação à educação especial, o fenômeno da integração/segregação que atinge essa parcela da população reveste-se de caráter ainda mais contundente, na medida em que, apesar do discurso de que a escola especial surge para oferecer escolaridade a crianças que não usufruiriam dos processos regulares de ensino, o que se tem realizado no Estado mais desenvolvido do País é a reprodução da seletividade escolar observada na escola regular, com a diferença que, neste âmbito, justifica-se a retenção nos níveis iniciais pelas dificuldades decorrentes da excepcionalidade (p. 135).

O autor revela o quanto a educação regular promove uma seleção, em que a excepcionalidade acaba por ser definida em função do fracasso escolar sem que, em nenhum momento, questione-se a qualidade do ensino. O parâmetro utilizado, portanto, para definir normalidade/anormalidade é cumprir (ou não) as expectativas da escola[15].

Nesse contexto, a Educação Especial, que atendia inicialmente a crianças surdas e cegas, acabou incorporando os portadores de supostos distúrbios "de conduta", "de linguagem", "de atenção", "de aprendizagem", os "deficientes mentais leves", os "carentes culturais". Segundo MASINI (1993):

> Não é à toa, nem por razões puramente científicas, que a excepcionalidade foi ampliando o seu espectro, incorporando crianças com problemas cada vez mais próximos da normalidade e até mesmo aquelas que a mesma objetividade científica neutra considera dentro dos padrões de normalidade (p. 139).

---

[15] PATTO (1990), em seu livro *A Produção do Fracasso Escolar: histórias de submissão e rebeldia* discorre amplamente acerca da construção do fenômeno de patologização de crianças no cotidiano escolar, principalmente as oriundas das camadas mais pobres da sociedade.

Com essa ampliação, a excepcionalidade passa a ser mais uma justificativa para que os mecanismos segregadores da educação regular não sejam questionados.

Assim, a deficiência mental, por exemplo, construída em uma organização social centrada na produtividade, e definida em contraposição à "produtividade intelectual" (BUENO, 1993, p. 49), é entendida como desvio, impedimento, merecendo, portanto, currículos "adaptados", atendimentos "especializados", enfim, uma educação "café-com-leite". Para este pesquisador, estabelecer uma relação entre excepcionalidade e normalidade que não considere a dominação de classes implica, necessariamente, em contribuir para a permanência da condição de marginalizado:

> Na verdade, sob o manto da excepcionalidade são incluídos indivíduos com características as mais variadas cujo ponto fundamental é o desvio da norma, não a norma abstrata, que determina a essência a-histórica da espécie humana, mas a norma construída pelos homens nas suas relações sociais (p. 49).

Outros autores propuseram-se a desvelar os conteúdos ideológicos que embasam conceitos como "problemas de aprendizagem", "problemas de conduta" e "deficiência mental". KALMUS (2000), por exemplo, coloca em dúvida a existência da deficiência mental leve, categoria que corresponde a cerca de 75% e 90% dos casos de deficiência mental (p. 9). Este diagnóstico é uma construção que surge no âmbito exclusivo da educação escolar, a fim de justificar a permanência de uma escola que produz impossibilidade de aprendizagem de conteúdos escolares na maioria de seus alunos.

É preciso compreender, portanto, as políticas voltadas às pessoas com deficiência, inclusive a política de ampliação do acesso, como servindo à:

[...] legitimação da escola regular no que tange à imputação do fracasso escolar às características pessoais da criança ou ao seu meio próximo, contribuindo para a manutenção da política educacional que dificulta o acesso ao conhecimento científico, (interesses) que se pretendem universais e transcendentes à própria construção sóciohistórica e que trazem, no âmbito da educação especial, conseqüências nefastas, na medida em que analisam as possibilidades dos deficientes ou excepcionais somente pela via de suas dificuldades específicas... (BUENO, 1993, pp. 98-99)[16].

A partir da Declaração de Salamanca, a discussão acerca da criação de políticas educacionais que atendam em classes regulares, crianças e jovens com características usualmente tidas como limitadoras ou mesmo impeditivas da aprendizagem escolar torna-se premente para os profissionais que já vinham apontando para os conteúdos ideológicos presentes na defesa do sistema segregado de ensino.

BUENO (2001) refere-se ao movimento brasileiro de integração escolar que, desde a década de 1970, privilegiava a detecção de características individuais que pudessem prejudicar a escolarização das crianças e jovens. O diagnóstico subsidiava a decisão de incorporar cada aluno avaliado na educação regular ou na educação especial. Com uma visão acrítica da escola, a postura integracionista não entendia a escola como um agente – e de grande peso – que contribui para o fracasso escolar (p. 24).

---

93 Deve-se ressaltar que esta não se trata da visão hegemônica a respeito da inclusão escolar, marcada pela desconsideração da história das diferentes formas de exclusão escolar (não garantia do acesso e da permanência com qualidade na escola) e, principalmente, pela ausência de questionamento acerca dos motivos sócio-políticos envolvidos. Como exemplo de adesão às cegas a princípios, no mínimo, controversos, citamos SASSAKI: "No entender de GLATT (1994), 'cidadania significa fazer escolhas e ter coragem de levá-las adiante, mesmo errando. (...) significa não ser um mero receptáculo passivo de novos serviços especializados, e sim um consumidor consciente e criativo'". (1997, p. 53). Vimos aqui, numa postura de esvaziamento político do termo e, portanto, de reificação do homem, o estabelecimento de uma relação de equivalência entre cidadania e consumo.

Já a perspectiva da inclusão escolar proposta na Declaração de Salamanca, partindo do pressuposto de que a escola atual não comporta a existência de diferenças em seu alunado, centra o desafio na necessidade imperativa de mudanças no sistema escolar, de modo a incluir toda uma gama de diferenças na educação regular.

No Brasil, o sistema segregado de ensino tem, historicamente, se somado à manutenção de muitos alunos do ensino regular nos bancos escolares sem que resultados efetivos sejam alcançados. BUENO (2001) destaca, ao lado das práticas de reprovação do ensino regular seriado – substituídas recentemente pela Progressão Continuada –, a ausência de qualquer seriação na educação especial. Os efeitos são os mesmos: abandono, uma postura de não avaliação do processo pedagógico:

> No caso brasileiro, o que parece caracterizar a trajetória da escola fundamental e, dentro dela, o ensino especial, é a perda de qualquer controle dos resultados efetivos, consubstanciado em efetiva aprendizagem dos alunos. Aí é que a educação especial tem se aproximado do ensino regular: na falta absoluta de acompanhamento, avaliação, aprimoramento da qualidade de ensino, quer no nível dos sistemas, quer no das instituições escolares ou da sala de aula (p. 25).

MACHADO (1994) constatou que a não-seriação, a mesmice das atividades ano após ano, desorienta temporalmente os alunos das classes especiais, que não sabem mais quantos anos têm ou como foi sua história escolar. É como se tivessem parado no tempo e ingressado num eterno presente, que apaga o passado e impede de pensar o futuro (p. 15).

No interior desse quadro, é possível afirmar que, de maneira geral, o sistema segregado de ensino em nada tem favorecido a aprendizagem de seus alunos, o que faz cair por terra o argumento correntemente utilizado de que a inclusão de crianças e jovens com deficiência em classes regulares prejudicará seu aprendizado. Se esses alunos não têm ultrapassado as séries iniciais, como defender a permanência do sistema segregado de ensino com base na defesa de um aprendizado que *não* acontece nas escolas e classes segregadas?

A política educacional de inclusão de pessoas com necessidades especiais no estado de São Paulo

A rede estadual de São Paulo é responsável por 80% das matrículas no ensino fundamental[17] no Estado, abrangendo 6100 escolas que atendem a 6,1 milhões de alunos. Os eixos proclamados como norteadores da atual gestão são: a) *melhoria da qualidade de ensino*, através de: reorganização da rede de ensino; valorização do magistério; classes de aceleração; salas ambiente; recuperação de alunos; avaliação do rendimento escolar; recursos pedagógicos; projetos nas escolas; b) *mudança nos padrões da gestão,* através de: desconcentração e descentralização; c) *racionalização organizacional*, através de: enxugamento da máquina e eliminação de duplicidade; informatização administrativa; reorganização da rede[18].

As Novas Diretrizes da Educação Especial e a Resolução 95/2000, datados respectivamente de setembro e novembro de 2000, são os documentos referentes à política de inclusão de pessoas com necessidades especiais desta gestão estadual. Entretanto, esses documentos só podem ser compreendidos em sua essência se remetidos à política educacional que define como principal diretriz para a área de educação na atual gestão do Estado de São Paulo:

---

[17] As informações utilizadas neste texto, quando não imediatamente sucedidas por menção ao documento a que fazem referência, provêm do *site* da Secretaria de Estado da Educação – http://www.educacao.sp.gov/secretaria – acessado em outubro de 2001.

[18] Note-se a importância deste item, posto que foi inserido por duas vezes nos Eixos Norteadores.

> [...] promover o aumento da produtividade dos recursos públicos visando à melhoria da qualidade. Este objetivo implica a revisão do papel do estado de São Paulo na área educacional, isto é, em detrimento da função de prestador de serviços, o governo estadual deverá assumir o papel de planejador estratégico, de agente formulador e articulador da política educacional paulista[...] (FUNDAP, 1995, p. 18, *apud.* KRUPPA, 2000, p. 297).

Os documentos citados acima devem servir de eixos reestruturadores do atendimento aos alunos com necessidades educativas especiais, principalmente os que tenham deficiência. Propõem a avaliação pedagógica como instrumento de conhecimento dos alunos com necessidades educacionais especiais, e sua freqüência, preferencialmente, em classes regulares, complementada, sempre que necessário, pelo atendimento em Salas de Apoio Pedagógico Especializado. Não são mencionadas as reformulações das condições de trabalho e formação continuada oferecidas pela Secretaria a fim de sustentar tais transformações no atendimento educacional.

As novas diretrizes da educação especial

Iniciando-se com a alusão ao papel da educação na inclusão social, o documento apresenta sua compreensão da relação existente entre "inclusão social" e inclusão escolar no que tange ao atendimento da população com deficiência:

> No caso do segmento constituído pelas pessoas com deficiências, a inclusão social se traduz pela garantia do acesso imediato e contínuo dessas pessoas ao espaço comum da vida em sociedade, independentemente do tipo de deficiência e do grau de comprometimento que elas apresentem (p. 1).

Propõe-se, então, a orientar a inclusão escolar desse segmento da população, tendo em vista que parte da concepção de que a escolarização é uma forma de "inclusão social".

O documento segue com a apresentação da atual política educacional, destacando os "avanços alcançados", que vão no sentido, segundo a Secretaria, de *"proporcionar, a todos os alunos, oportunidades de cultivar a solidariedade, o sentimento de pertencer e a capacidade de extrair riquezas frente às diferenças"* (p. 2). Os meios desenvolvidos para alcançar tais objetivos são: autonomia administrativa e pedagógica; reestruturação da rede física e da educação de jovens e adultos; informatização de dados; municipalização; progressão continuada; correção da trajetória escolar (classes de aceleração); criação de salas-ambiente; redefinição dos critérios de avaliação; programas de reforço e recuperação para alunos e capacitação para professores; aumento da carga horária para alunos e professores; plano de carreira do professor; criação do cargo de professor-coordenador.

Após fazer menção às mudanças relativas ao projeto de inclusão para toda a rede de ensino, o documento volta-se para a inclusão dos alunos com necessidades especiais em classes regulares, fundamentando legalmente essa perspectiva na Constituição Federal, no Estatuto da Criança e do Adolescente, na Lei de Diretrizes e Bases da Educação e na Declaração Mundial sobre Educação para Todos. Afirma ainda a necessidade de o sistema escolar em sua totalidade ser revisto para que seja "inclusivo", "universal"[19], por isso *"... são necessários os devidos ajustes políticos, administrativos, técnico-científicos e operacionais que promovam esse atendimento"* (p. 1).

Em relação ao atendimento em Educação Especial, compreendido como um *"conjunto de recursos que devem ser organizados e disponibilizados nos sistemas de ensino"* (p. 2), a Secretaria afirma manter 15 mil alunos "com algum tipo de deficiência", o que significa 0,25% do alunado, 1.700 professores especializados atuando na

---

[19] Importante destacar que é feita referência apenas ao atendimento à população "portadora de necessidades educativas especiais", sem identificar quais são as pessoas que compõem essa categoria, segundo o discurso oficial.

rede (nove alunos por professor) e 1.718 atuando em instituições conveniadas (p. 3). Mencionando o conhecido índice da Organização Mundial de Saúde (O.M.S.)[20] de que 10% da população tem algum tipo de deficiência, a Secretaria conclui que há, pelo menos, 600 mil[21] dessas crianças e jovens fora da escola.

Após fazer referência ao pioneirismo do Estado de São Paulo no atendimento às pessoas deficientes (as primeiras experiências, segundo o documento, datam de 1917), são apresentadas as salas de recursos e as unidades de ensino itinerante (que se circunscrevem ao atendimento de pessoas com deficiência visual) e as classes especiais. Estas últimas são criticadas quanto ao destino que tiveram, tornando-se espaço de freqüência permanente para alunos encaminhados por diversos motivos, como "dificuldades de aprendizagem", "defasagem série-idade" etc.

Nas diretrizes propriamente ditas, constantemente reafirmadas como "elementos norteadores", são propostas, a partir da consideração da situação atual, ações referidas a um chamado "período de transição" e à "situação pretendida", com ênfase no destino de alunos que estão freqüentando as classes especiais para deficientes mentais e de professores especializados; na necessidade de integração entre equipes de educação especial e de técnicos de planejamento (p. 6). O documento recomenda, então, que os alunos com necessidades educacionais especiais sejam matriculados em classes comuns de forma eqüitativa, cuidando-se para não formar uma "classe especial". Para tanto, sugere a seguinte proporção: salas de ensino fundamental de até trinta alunos devem abrigar, no máximo, três alunos com necessidades especiais; salas com mais de trinta alunos devem conter, no máximo, dois alunos com necessidades especiais.

---

[20] Em 1980, a Organização das Nações Unidas expediu relatório afirmando que, para os países "subdesenvolvidos" estimava-se uma taxa de 10% de deficientes na população, sendo que 5% seriam deficientes mentais, 2% deficientes físicos, 1,3% deficientes de audiocomunicação, 0,7% visuais, e 1% múltiplos. (SASSAKI, 1981 *apud.* SÃO PAULO, 1987).

[21] Faz-se necessário ressaltar que o número estimado, no Estado de São Paulo, de crianças e jovens em idade escolar com alguma deficiência é quase o dobro do número de pessoas com deficiência que hoje encontram-se matriculadas no país. Essa constatação reforça o argumento de que sequer o acesso à escola está garantido para esse segmento da população.

É feita referência à Sala de Apoio Pedagógico Especializado – SAPE – que deverá funcionar em período alternado àquele em que o aluno estiver matriculado e ser organizada com a participação dos diversos conselhos – de Classe, Série ou Ciclo – na escola.

Os professores especializados, alocados nas SAPEs, serão responsáveis por:

> [...] atendimento direto aos alunos em pequenos grupos; participação em todos os momentos de encontros e trabalhos coletivos da escola; trabalho conjunto e orientações para os professores das classes comuns; reuniões e atendimento aos pais e orientação para os outros funcionários da escola (p. 7).

O professor especializado deve, ainda, preparar-se para assumir função itinerante dentro de sua própria escola e em outras escolas.

Muitas tarefas são solicitadas à equipe escolar como um todo, dentre elas: elaboração de Projeto Político-Pedagógico, envolver a família como co-responsável do processo ensino-aprendizagem; "ousar nas adaptações curriculares"; manter avaliação contínua etc.

O documento termina com uma lista de fatores a que se subordina a possibilidade de reestruturação da educação especial: mudanças individuais de postura e capacitação dos educadores; adaptações no currículo e redefinição de critérios para encaminhamento à SAPE.

A Resolução 95/2000

A Resolução 95/2000, por sua vez, apresenta algumas considerações que procuram evidenciar a necessidade de mudança de "paradigma" exigida pela inclusão. Em seu artigo 1°, define que são os alunos com necessidades educacionais especiais:

[...] aqueles que apresentam significativas diferenças físicas, sensoriais ou intelectuais decorrentes de fatores inatos ou adquiridos, de caráter permanente ou temporário, que resultem em dificuldades ou impedimentos no desenvolvimento de seu processo ensino-aprendizagem.

São aspectos também abordados pela *Resolução*, a matrícula preferencial em classes regulares; o encaminhamento para serviços de apoio pedagógico com base em relatório anual aprovado por Conselho de Classe/Série/Ciclo ou para instituições conveniadas nos casos em que o grau de comprometimento da criança configurar-se como severo; a "flexibilização da terminalidade[22]". Finalmente, dispõe sobre o funcionamento dos serviços de apoio pedagógico, o redimensionamento das funções dos docentes que trabalharem nestes serviços e as atribuições das Diretorias de Ensino.

Quanto à avaliação da existência de necessidades educacionais especiais, esta deverá ser realizada anualmente por professor especializado e legitimada nos Conselhos existentes na escola. Já a avaliação com vistas a fornecer embasamento para o atendimento do aluno deve ser realizada por equipe escolar, podendo contar com o apoio de profissionais da saúde.

No decorrer do texto, revela-se a concepção de que há um limite para a inclusão. Mesmo que as transformações propostas para o sistema escolar estadual sejam alcançadas, alguns "tipos" de pessoas continuarão sem lugar, pois os

[...] que apresentarem deficiências com severo grau de comprometimento, cujas necessidades de recursos e apoios extrapolem, comprovadamente, as disponibilidades da escola, deverão ser encaminhados às respectivas instituições especializadas conveniadas com a SE (Artigo 5º).

---

[22] Terminalidade refere-se aqui à finalização dos ciclos de Educação Fundamental e Ensino Médio. Regularmente, o aluno, para encerrar um ciclo, deve cumprir cada ano letivo a ele pertencente (quatro anos para o ciclo I, quatro anos para o ciclo II e três anos para o Ensino Médio) e obter, ao final, média mínima para ser aprovado para a etapa educacional seguinte. No caso do alunado com necessidades educativas especiais, o documento sugere que esses dois critérios sejam revistos e flexibilizados.

Ainda dentro do mesmo espírito, porém, referindo-se a outro segmento de alunos com necessidades especiais: àqueles que "não puderem atingir os parâmetros exigidos para a conclusão do ensino fundamental", a "Resolução" indica procedimentos de "redefinição da terminalidade" (Artigo 6º).

Outro Artigo 6º – posto que, na "Resolução", constam dois deles – dispõe sobre a organização dos serviços prestados pelas Salas de Apoio Pedagógico Especializado (SAPEs), que podem ser organizadas no âmbito da unidade escolar, de acordo com o funcionamento exposto nos artigos consecutivos. No que tange aos docentes, são reapresentadas as mesmas séries de atribuições elencadas nas "Novas Diretrizes", acrescidas de mais uma lista que orientará sua classificação/pontuação. À equipe das Diretorias de Ensino cabe levantar a demanda pelas diferentes SAPEs; propor a criação de novos serviços especializados; e manter as escolas informadas sobre as instituições especializadas existentes.

Para finalizar

Coerentemente com o ideário neoliberal, as autoridades educacionais vendem a ilusão de que, passando pela escola, ter-se-á maiores e melhores oportunidades de emprego. Ilusão não só porque, hoje, a escola pública fundamental oferece um ensino de péssima qualidade – posto que sequer consegue garantir a alfabetização de grande parcela dos alunos durante os oito anos da Educação Básica –, mas também porque a escolarização em si não significa garantia de igualdade de oportunidades em um sistema de ensino sabidamente dual. Dessa maneira, assistimos a medidas que trouxeram enorme contingente de crianças e jovens para o interior das escolas sem que, no entanto, fosse garantida a qualidade do ensino oferecido. São os "excluídos no interior" (BOURDIEU, 1999), ou seja, crianças e jovens que freqüentam a escola, são promovidos ano a ano e concluem tanto a Educação Fundamental, quanto o Ensino Médio, de onde saem com diplomas desvalorizados no mercado de trabalho e sem perspectivas de cursar o Ensino Superior, a não ser em faculdades privadas, caras e de baixa qualidade de ensino (PATTO, 2000).

Trata-se de um modo de fazer política que repõe a exclusão, dado que não se baseia no compromisso de superação dos problemas substantivos do sistema educacional brasileiro – a formação dos profissionais da educação, suas condições de trabalho e sua remuneração –, mas tão somente na construção de estatísticas edificantes.

Ao se apresentarem como portadores de saber sobre a educação escolar, aqueles que gerenciam a política educacional não contemplam – não casualmente – as dificuldades objetivamente experimentadas pelos que vivem o cotidiano escolar:

> Há, portanto, um discurso do poder que se pronuncia sobre a educação definindo seu sentido, sua finalidade, forma e conteúdo. Quem, portanto, está excluído do discurso educacional? Justamente aqueles que poderiam falar da educação enquanto experiência que é sua: os professores e os estudantes (CHAUI, 1980, p.27).

Diferentemente da falaciosa "exclusão social", a exclusão escolar é bastante objetiva. Ao longo das duas últimas décadas, a política educacional brasileira tem-se ocupado da reversão desse quadro. Nos últimos quinze anos, no bojo do neoliberalismo na educação, as estatísticas oficiais registram queda acelerada da taxa de crianças e jovens em idade escolar que não freqüentam as instituições de ensino, bem como aumento do nível de escolarização atingido. O acesso e a permanência na escola tornaram-se, portanto, "garantidos". Resta-nos saber a que custo, ou seja, com que grau de sacrifício da qualidade do ensino oferecido.

No Brasil, as pessoas com deficiência não têm garantidos o acesso e a permanência escolares até hoje. No que se refere a essa população, a realidade da exclusão escolar sempre saltou aos olhos. Até o ano de 2003, registrava-se apenas 500.375 alunos com algum tipo de deficiência matriculados em todo o país. Assim como a conquista do acesso, a obtenção de resultados significativos na aprendizagem dos poucos que conseguem chegar aos bancos escolares também é meta distante. Historicamente, a educação das pessoas deficientes caracteriza-se por sua inconsistência: o acesso à escola por parte dessa parcela da população e o seu desempenho escolar são muito pouco relevantes. Da mesma forma, as transformações no atendimento educacional oferecido podem ser consideradas insuficientes. Em síntese, a educação ofertada às pessoas com deficiência é muito mais merecedora dos qualificativos habitualmente atribuídos a seus usuários: limitada, incapaz; impossibilitada.

Acompanhando-se a história da educação especial, observa-se que inúmeras categorias foram criadas ou incorporadas, como os "distúrbios de conduta", as "dificuldades de aprendizagem" ou a "deficiência mental leve", revelando que coube – e ainda cabe – a esta modalidade de educação o caráter legitimador da seletividade operada no interior das escolas regulares. A política educacional e as práticas escolares dela decorrentes, mais uma vez, são eximidas de qualquer responsabilidade pelo fracasso de grande parte do alunado.

A política estadual de inclusão, em classes regulares, de alunos com necessidades especiais apresentada pela atual gestão faz parte do mesmo equívoco da inclusão social que preside a política geral de inclusão e argumenta que a escolarização dessa parcela da população proporcionará maiores oportunidades de inserção no mercado de trabalho e, conseqüentemente, uma vida mais digna. Por meio da publicação de "Novas Diretrizes" e da "Resolução 95/2000", amplia-se o compromisso de incluir todas as crianças e jovens na escola. Considera-se a peculiar condição dos alunos com necessidades especiais, porém, reduzindo o foco ao atendimento da população com deficiência. Propõe-se que os professores especializados passem a atender em salas de recursos ou na condição de itinerantes e que os professores de classe regular transformem suas posturas de trabalho a fim de atender aos novos alunos. Possíveis – ou necessárias – mudanças das condições de trabalho ou da participação da comunidade escolar na formulação e implantação dessas transformações não são sequer mencionadas.

Pode-se entender que tais documentos, ao adotarem a expressão "necessidades especiais", representam um avanço, na medida em que contribuem para que seja retirado o foco da doença. Entretanto, é preciso admitir que é também a brecha para que diferentes necessidades sejam homogeneizadas, afinal:

> A sociedade burguesa está dominada pelo equivalente. Ela torna o heterogêneo comparável, reduzindo-o a grandezas abstratas. Para o esclarecimento, aquilo que não se reduz a números e, por fim, ao uno, passa a ser ilusão [...] O que se continua a exigir insistentemente é a destruição dos deuses e das qualidades (HORKHEIMER & ADORNO, 1985, p. 23).

É assim que as necessidades educativas de uma criança com deficiência física passam a equivaler às necessidades educativas de uma criança cega etc. É assim que se pode construir tabelas para os professores sugerindo que, nas salas de aula em que exista um aluno com necessidades educativas especiais, possa haver um total de alunos menor que em salas em que esses alunos não estejam presentes. Um aluno com deficiência física vale por cinco alunos ditos "normais", se estiver na educação fundamental. Já se estiver no Ensino Médio, valerá apenas por três alunos considerados "normais". E loucura seria procurar alguma lógica, algum argumento plausível, na sugestão desse tipo de proporcionalidade entre humanos.

Ainda outro aspecto relativo à política educacional atual merece destaque: sob o argumento da garantia de escola para todos – um forte argumento quantitativo – os objetivos proclamados da educação têm sido reduzidos à satisfação das *necessidades básicas de aprendizagem*[23]. Aquilo que, por tanto tempo, lutou-se para que fosse o ponto de partida, acabou se tornando a única meta a ser

---

[23] As necessidades básicas de aprendizagem, elaboradas na Conferência Mundial de Educação para Todos, em 1990, em Jomtiem, constam de: "alfabetização, expressão oral, aritmética e solução de problemas, assim como instrumentos fundamentais de aprendizagem de valores, atitudes, capacidades e conhecimentos que possibilitem ao homem sobreviver, trabalhar dignamente, participar do desenvolvimento, melhorar sua qualidade de vida, tomar decisões e seguir aprendendo" (ROMAN, 1999, p. 163).

alcançada, sendo que nem mesmo sua conquista foi assegurada até o momento. Perguntamos: se a aprendizagem de rudimentos de leitura, escrita e aritmética tem sido o resultado mais comum a que chega grande parcela da população escolar atualmente[24], qual o sentido da escolarização de crianças a respeito de quem não se tem certeza da possibilidade de alfabetização? Significaria, portanto, que uma criança ou jovem com sofrimento psíquico intenso, sobre quem pouco se pode prever, não teria justificada sua permanência na escola? E os professores, diante da não aquisição de leitura e escrita por um aluno – aquisições fundamentais e que devem ser, por toda a vida, alvo de inesgotáveis tentativas – devem considerar desnecessária a continuidade de sua escolarização? A possibilidade de leitura do mundo – que se apóia, mas não se esgota na alfabetização – é desconsiderada. E assim sendo, fragiliza-se a manutenção de certas crianças e jovens na educação formal.

É preciso ressaltar que não se está afirmando a existência de uma relação direta e inequívoca entre a presença de algum tipo de necessidade especial e o impedimento da aprendizagem da leitura e da escrita. Pretendemos, tão somente, apontar na direção de que, mesmo diante de condições do aluno que dificultem esse aprendizado, há um trabalho educacional a ser realizado e que passa tanto pela transformação das condições de ensino – em que diferentes estratégias de abordagem possam ser constantemente experimentadas, avaliadas e reelaboradas – quanto da discussão aprofundada a respeito da Educação como formação do homem para os valores democráticos[25].

Colocação comum que ouvimos nas escolas é : "Nessa classe, existem dois casos de inclusão que estão aqui porque precisam se socializar". "Caso de inclusão" já é uma expressão bastante emblemática de como esses alunos estão sendo vistos. Não são

---

[24] O Brasil, em avaliação feita em 2000 sob a coordenação da Organização para Cooperação e Desenvolvimento – OCDE – obteve o pior desempenho, entre os trinta países participantes. Jovens de 15 anos de idade realizaram provas de matemática, leitura e ciências (*Folha de S. Paulo*, 08/12/2001).

[25] A esse respeito, ver BENEVIDES (1998) e CARONE (1998).

pessoas, não são alunos; são casos, casos de inclusão. A exclusão, mais uma vez, é a marca. Mas, desta vez, uma exclusão paradoxal, posto que é exclusão e inclusão. Os alunos estão lá. E por que estão nas salas de aula? "Ah, para socializar, porque isso é muito importante para essas pessoas". Aparentemente, educadores, familiares e alunos dão-se por satisfeitos com esse objetivo de escolarização. Aparentemente, nenhum outro pensamento é exigido, afinal, quem vai negar a importância de uma criança com síndrome de Down, por exemplo, poder fazer amizades e freqüentar os espaços de lazer da escola? Aparentemente, é suficiente que "essa" criança possa circular entre "nós". Trata-se de uma afirmação muito intrigante, que solicita a pesquisa dos possíveis significados para as pessoas que a realizam.

Uma possível direção – e é só uma – seria questionar os modos como temos nos socializado. Quando ouvimos educadores, profissionais de saúde, pais, quando ouvimos a nós mesmos, imersos que estamos na cotidianidade, socializar parece equivaler-se a freqüentar um espaço social tão somente. Pode parecer também que socializar significa o aprendizado de algumas práticas de autocuidado, afinal, as Atividades da Vida Diária (AVDs) compõem igualmente os currículos da Educação Infantil e da Educação Especial. Não se está questionando a importância do aprendizado de autocuidados. Essas práticas podem vir a ser atividades educativas muito interessantes. Podem, se inseridas em um projeto pedagógico, trazer contribuição para a produção de conhecimento. Mas não é isso o que tem ocorrido. O fato é que temos nos contentado com muito pouco, principalmente quando falamos em educação pública para pessoas com deficiência.

É preciso que nos lembremos que, entes mesmo de nascer, estamos inseridos em uma cultura, em uma forma de viver, de explicar o que vivemos e de transmitir esse entendimento. Uma criança com necessidades especiais, que vive isolada, sem qualquer contato, está inserida em nossa sociedade. Está aprendendo sobre quem ela é, como é o mundo e qual o seu lugar nele, o que pode esperar dele e o que os outros esperam dela. Mesmo trancafiada em seu quarto, ela está aprendendo. E o que aprende uma pessoa que chega à adolescência sem nunca ter freqüentado a escola? Ela aprende, no mínimo, que não pertence à escola, que está fora desse campo de direitos. E uma das principais implicações desse aprendizado, para tal criança, é que os espaços já constituídos não podem ser transformados em função das necessidades e dos desejos dos homens. Assim são, assim devem continuar a ser. A escola e essa criança não são compatíveis. E isso é imutável, a não ser que o próprio sujeito se adeque.

Nesse sentido, a conquista da escolarização, por essa parte da população, deve ser muito celebrada. Estamos, enfim, reconhecendo a legitimidade do direito: a escola pertence a todos. Mas hoje, passado o momento do reconhecimento dessa legitimidade, já podemos ir além e perguntar: que socialização oferecemos quando recebemos pessoas com necessidades especiais em salas regulares do modo como temos recebido, ou seja, sem transformações substantivas da escola? É comum argumentar-se sobre a necessidade de transformações arquitetônicas, a conquista da acessibilidade: rampas, elevadores, indicativos para deficientes sensoriais... mas há um vício subjetivista, que persiste: "o que importa mesmo é a nossa disponibilidade em receber esses alunos". É verdade que importa a disponibilidade dos profissionais da educação, porém é igualmente imperativo refletirmos sobre o que comunica a não-acessibilidade. A partir disso, percebemos que a discussão sobre as mudanças arquitetônicas não marca tão somente mudanças de infraestrutura, mas, sobretudo, faz pensar sobre o que revela a sua ausência.

Transformações nos conteúdos, nas avaliações, na didática... também têm sido alvo de discussão, e uma pergunta sempre surge: "Mas eu vou mudar tanta coisa por conta de um. E os outros? Para beneficiar um, eu terei de desassistir todos os outros? "Se ouvirmos com atenção, perceberemos que se mantém a lógica do "alguém vai ter de ficar de fora, a pergunta é quem?". Nunca todos serão beneficiados porque não é possível. Então, é cabível considerarmos que, na base de todas essas transformações, deveria estar a discussão sobre quais as condições de trabalho para que todos possam pertencer com dignidade ao espaço escolar, especificamente, e ao campo dos direitos, em geral.

Há a necessidade de participação política, do direito à iniciativa, à fala e à ação – e não apenas à reprodução –, direito à aparição da diversidade humana, das contradições, e a um espaço de debate, de circulação de experiência, de idéias, para que se possa pensar conjuntamente em caminhos a serem seguidos[26]. Na escola de hoje as diferenças não podem comparecer. Homogeneízam-se as idéias, as práticas e as avaliações. Homogeneízam-se as pessoas; educadores e alunos. Há uma socialização em curso na escola, não podemos esquecer, e que vale para todos: crianças ou adultos, bem formados ou mal formados, deficientes, pobres ou "normais": a formação do sentimento inevitável de que aquilo que somos não é compatível com este mundo, que é preciso que nos adequemos, custe o que custar, doa o quanto doer.

A escolarização das pessoas com necessidades especiais põe na ordem do dia a discussão sobre em que condições temos nos socializado, que padrão de sociabilidade temos valorizado. Essa reflexão, em si, já revela caminhos. Não é só a negação do que existe, é também abertura. Entendemos a escolarização de pessoas com necessidades especiais no arco de um projeto de socialização em que cada um de nós possa estar presente, com direito a pensar, expressar-se e participar da decisão sobre os rumos de nossa sociedade. Ou então, estamos condenados ao maior sofrimento de todos, como dizia WEIL (1979): pior que o baixo salário, que a mecanização do trabalho, é o impedimento da nossa própria humanidade, o esvaziamento dos sentidos de nosso sofrimento. E é esta a socialização que está em curso hoje.

É assim que a mesma política que propõe a inclusão de crianças e jovens com necessidades especiais já deixa abertas as portas de saída por onde elas logo deverão passar. Não sem um diploma – não nos esqueçamos da "flexibilização da terminalidade" –, é claro. Não sem deixar um gosto amargo em profissionais da educação, pais e

---

[26] Adotamos aqui a análise que GONÇALVES FILHO (2004) propõe do conceito de política em ARENDT (2004).

alunos; amargor proveniente da experiência deformada de convivência, que tem servido, até o momento, mais para reafirmar o sentimento de inviabilidade de uma educação conjunta para todos do que para construir possibilidades.

Referências bibliográficas

ANGELUCCI, C. B. *Uma Inclusão Nada Especial: apropriações da política de inclusão de pessoas com necessidades especiais na rede pública de educação fundamental do Estado de São Paulo*. São Paulo, 2002, 171p. Dissertação (Mestrado). Instituto de Psicologia, Universidade de São Paulo.

ARENDT, H. *A Condição Humana*. Rio de Janeiro: Forense Universitária, 2004.

BENEVIDES, M. V. de M. O Desafio da Educação para a Cidadania. *In*: AQUINO, J. G. (org.). *Diferenças e Preconceito na Sala de Aula: alternativas teóricas e práticas*. São Paulo: Summus, 1998.

BENJAMIN, W. Sobre o Conceito de História. *In*: BENJAMIN, W. *Magia e Técnica, arte e Política: ensaios sobre literatura e história da cultura*. São Paulo: Brasiliense, 1994.

BOURDIEU, P. Compreender. *In*: BOURDIEU, P. (coord.). *A Miséria do Mundo*. Petrópolis: Vozes, 1999.

BUENO, J. G. S. *Educação Especial Brasileira: integração/segregação do aluno diferente*. São Paulo: EDUC, 1993.

_____. A Inclusão de Alunos Deficientes nas Classes Comuns do Ensino Regular. *In*: *Temas sobre Desenvolvimento*. São Paulo, Memnon, vol. 9, n. 54, janeiro-fevereiro, 2001.

BRASIL. Coordenadoria Nacional para Integração da Pessoa Portadora de Deficiência (CORDE). *Declaração de Salamanca e Linhas de Ação sobre Necessidades Educativas Especiais*. MAS/CORDE, 1994.

BRASÍLIA. MINISTÉRIO DA EDUCAÇÃO E CULTURA. Evolução das Matrículas de Alunos com Necessidades Especiais por Tipo de Deficiência. *In*: http://www.mec.gov.br/seec [acesso em 20/09/2004].

CARONE, I. Igualdade *Versus* Diferença: um tema do século. *In*: AQUINO, J. G. (org.). *Diferenças e Preconceito na Sala de Aula: alternativas teóricas e práticas.* São Paulo: Summus, 1998.

CHAUI, M. Ideologia e Educação. *In: Educação & Sociedade. Revista Quadrimestral de Ciências da Educação.* São Paulo: Editora Cortez /Autores Associados/Cedes. Ano II, n. 5, janeiro, 1980.

_____. Ideologia Neoliberal e Universidade. *In*: OLIVEIRA, F. de & PAOLI, M. C. *Os Sentidos da Democracia: políticas de dissenso e hegemonia global.* Petrópolis: Vozes; Brasília: NEDIC, 1999.

CRUZ, S. H. V. *O Ciclo Básico Construído pela Escola.* São Paulo, 1994. Tese (Doutorado). Instituto de Psicologia, Universidade de São Paulo.

FERRARO, A. R. Diagnóstico da escolarização no Brasil. *In: Revista Brasileira de Educação*, n° 12, set./out./nov./dez., 1999.

FOLHA DE S. PAULO. *Caderno Cotidiano.* São Paulo, 08 de dezembro de 2001.

FORRESTER, V. *O Horror Econômico.* São Paulo: UNESP, 1997.

GENTILI, P. Adeus à Escola Pública: a desordem neoliberal, a violência do mercado e o destino da educação das maiorias *In*: GENTILI, P. *Pedagogia da Exclusão: crítica ao neoliberalismo em educação.* Petrópolis: Vozes, 2000.

GONÇALVES FILHO, J. M. A Invisibilidade Pública (prefácio). *In*: COSTA, F.B. da. *Homens Invisíveis – relatos de uma humilhação social.* São Paulo: Globo, 2004.

HORKHEIMER, M. e ADORNO, T. Prefácio. *In*: HORKHEIMER, M. e ADORNO, T. *Dialética do Esclarecimento: fragmentos filosóficos.* Rio de Janeiro: Jorge Zahar, 1985.

KALMUS, J. *A Produção Social da Deficiência Mental Leve*. São Paulo, 2002. Dissertação (Mestrado). Instituto de Psicologia, Universidade de São Paulo.

KRUPPA, S. M. P. *O Banco Mundial e as Políticas de Educação nos Anos 90*. São Paulo, 2000. Tese (Doutorado). Faculdade de Educação, Universidade de São Paulo.

MACHADO, A. M. *Crianças de Classe Especial: efeitos do encontro entre saúde e educação*. São Paulo: Casa do Psicólogo, 1994.

MASINI, R. S. *Ensino Regular e Ensino Especial: relação de complementaridade pedagógica ou de legitimação da seletividade?* São Paulo, 1993. Tese (Mestrado). Pontifícia Universidade Católica.

MATTEUCCI, N. Liberalismo. *In*: BOBBIO, N. *Dicionário de Política*. Brasília: Editora UNB, 1986.

OLIVEIRA, F. de. Privatização do público, destituição da fala e anulação da política: o totalitarismo neoliberal. *In*: OLIVEIRA, F. de & PAOLI, M. C. *Os Sentidos da Democracia: políticas de dissenso e hegemonia global*. Petrópolis: Vozes; Brasília: NEDIC, 1999.

PAOLI, M. C. Apresentação e Introdução. *In*: OLIVEIRA, F. de & PAOLI, M. C. *Os Sentidos da Democracia: políticas de dissenso e hegemonia global*. Petrópolis: Vozes; Brasília: NEDIC, 1999.

PATTO, M. H. S. *A Produção do Fracasso Escolar: histórias de submissão e rebeldia*. São Paulo: T. A. Queiroz Editor, 1990.

_____. *Mutações do Cativeiro: escritos de psicologia e política*. São Paulo: Hacker/EDUSP, 2000.

ROMAN, M. D. Neoliberalismo, Política educacional e Ideologia: as ilusões da neutralidade da pedagogia como técnica. *In: Revista Psicologia USP*. São Paulo: Instituto de Psicologia, Universidade de São Paulo, vol. 10, n. 2, 1999.

SÃO PAULO. SECRETARIA DE ESTADO DA EDUCAÇÃO. Educação Especial: Novas Diretrizes. Setembro de 2000.

_____. SECRETARIA DE ESTADO DA EDUCAÇÃO. Resolução 95 de 21/11/2000.

_____.SECRETARIA DE ESTADO DA EDUCAÇÃO. www.educacao.sp.gov/secretaria [acesso em outubro de 2001].

SASSAKI, R. K. *Inclusão: construindo uma sociedade para todos.* Rio de Janeiro: WVA, 1997.

WEIL, S. A. *Condição operária e outros estudos sobre opressão.* Rio de Janeiro: Paz e Terra, 1979.

ANEXOS

Anexo I. Taxas de Matrículas de Alunos entre 5 e 24 Anos Efetivadas no Brasil. 1940 – 1970

Anos	População de 5 a 24 anos	Matrículas	%
1940	19.344.174	2.928.838	15,14
1950	23.817.548	4.826.885	20,26
1960	32.038.353	8.727.631	27,24
1970	57.401.432	17.323.580	30,13

Anexo II. Dados do Ministério da Educação sobre a evolução da matrícula de pessoas com deficiência no Brasil por tipo de deficiência

Tipos de necessidade	1996 Quant. alunos	1996 Distr. %	1997 Quant. alunos	1997 Distr. %	1998 Quant. alunos	1998 Distr. %	1999 Quant. alunos	1999 Distr. %	%
Defic. Visual	8,081	4%	13,875	4,1%	15,473	4,6%	18,629	5%	130,5%
Defic. Auditiva	30,578	15,2%	43,241	12,9%	42,584	12,6%	47,810	12,8%	56,4%
Defic. Física	7,921	3,9%	13,135	3,9%	16,463	4,9%	17,333	4,6%	118,8%
Defic. Mental	121,021	60,2%	189,30	56,6%	181,377	53,8%	197,996	52,9%	63,6%
Defic. Múltipla	23,522	11,7%	47,481	14,2%	42,582	12,6%	46,745	12,5%	98%
Probl. Conduta	9,529	4,7%	25,681	7,7%	8,994	2,7%	9,223	2,5%	-3,2%
Superdotação	490	0,2%	1,724	0,5%	1,187	0,4%	1,228	0,3%	150,6%
Outras	-	-	-	-	28,666	8,5%	35,165	9,4%	22,7%
Total Brasil	201,142	100%	334,507	100%	337,326	100%	374,129	100%	89%

Dados obtidos no *site* do Ministério da Educação (2002).

POLÍTICAS PÚBLICAS E EDUCAÇÃO:
DESAFIOS, DILEMAS E POSSIBILIDADES

MARILENE PROENÇA REBELLO DE SOUZA[1]

A discussão referente à temática das políticas públicas em educação é recente no campo da Psicologia Escolar/Educacional. Podemos dizer que tal discussão remonta, no caso brasileiro, há pouco mais de vinte anos. Essa discussão só tem sido possível à medida que a Psicologia e mais especificamente a Psicologia Escolar passaram a ser questionadas nos seus princípios epistemológicos e nas suas finalidades. Tal discussão é introduzida no Brasil com a tese de doutorado de Maria Helena Souza PATTO, defendida em 1981 e publicada em livro com o título *Psicologia e Ideologia: uma introdução crítica à Psicologia Escolar*. Neste trabalho, PATTO (1984) desnuda as principais filiações teóricas das práticas psicológicas levadas a efeito na escola, os métodos que os psicólogos vinham empregando, o fato das explicações sobre as dificuldades escolares estarem centradas nas crianças e em suas famílias e a forma restrita como a Psicologia interpretava os fenômenos escolares. A autora discute a serviço de que e de quem estaria a Psicologia Escolar, bem como a prática psicológica a ela vinculada, e conclui que a atuação profissional do psicólogo no campo da educação avançava pouco a serviço da melhoria da qualidade da escola e dos benefícios que esta escola deveria estar propiciando a todos, em especial, às crianças oriundas das classes populares.

---

[1] Doutora em Psicologia Escolar, Professora do Departamento de Psicologia da Aprendizagem, do Desenvolvimento e da Personalidade do Instituto de Psicologia da Universidade de São Paulo.

Iniciava-se, portanto, na trajetória da Psicologia Escolar, um conjunto de questionamentos a respeito do seu papel social, dos pressupostos que a norteavam, suas finalidades em relação à escola e àqueles que dela participam. Estes questionamentos se fortaleceram com vários trabalhos de pesquisa que passaram a se fazer presentes na década de 1980, questionando o papel do psicólogo, sua identidade profissional e o lugar da Psicologia enquanto ciência numa sociedade de classes.

Este processo de discussão no interior da Psicologia vai tomando corpo em torno de um momento político nacional bastante propício para a discussão teórico-metodológica em uma perspectiva emancipatória, pois, nesta mesma década, intensificam-se os movimentos sociais pela redemocratização do Estado brasileiro, tais como movimentos de trabalhadores metalúrgicos, movimentos de professores, movimento pelas eleições diretas em todos os níveis e cargos de representação política e rearticulação dos partidos políticos. Além disso, no plano político, lutava-se por uma nova Constituição que retirasse do cenário legislativo o que se denominava de "entulho autoritário", oriundo de mais de vinte anos de Ditadura Militar no Brasil. A Constituição de 1988, denominada "Constituição Cidadã", abre caminhos para a institucionalização dos espaços democráticos, na recuperação de direitos civis e sociais. A ela seguem-se o Estatuto da Criança e do Adolescente (1990), a Declaração de Educação para Todos (1990), a Declaração de Salamanca (1994) e a Lei de Diretrizes e Bases da Educação Nacional, em 1996, apenas para citar algumas das mais importantes iniciativas institucionais de introduzir mudanças estruturais nas relações sociais e civis no campo dos avanços dos direitos humanos, civis e sociais.

Portanto, é no bojo da redemocratização do Estado, da descentralização do poder para os Municípios e Estados, que a educação passa a ter autonomia para planejar, implementar e gerir suas políticas educacionais.

Nesse contexto, o Estado de São Paulo, em função de sua história de participação no cenário educacional, maior pujança econômica, constituição de um grande número de universidades públicas com nível de excelência, além de possuir condições para criar centros de pesquisa e de avaliação educacional, passou a assumir um lugar de liderança no que tange às políticas públicas educacionais. Tornou-se, portanto, o Estado em que a maioria das propostas que hoje estão presentes no Brasil foram gestadas e implementadas, quer de forma experimental, quer enquanto rede estadual ou municipal de ensino.

Assim, pesquisar a escola, as relações escolares, o processo de escolarização a partir dos anos 1980, significou pesquisar uma escola que foi e está sendo atravessada por um conjunto de reformas educacionais[2]. Se a crítica à Psicologia Escolar tradicional levava-nos a compreender a escola e as relações que nela se constituem a partir das raízes históricas, sociais e culturais de sua produção, mister se fazia pesquisá-las no contexto das políticas públicas educacionais.

Quando um grupo de psicólogos e pesquisadores do programa de Pós-graduação em Psicologia Escolar do Instituto de Psicologia da Universidade de São Paulo propôs-se a estudar e compreender o universo das políticas públicas em educação, realizou um ato corajoso. Primeiro, porque embora a Psicologia Escolar houvesse realizado a autocrítica, muito ainda teria de se construir tanto no campo teórico, quanto na dimensão do método para que fosse possível apreender a complexidade da escola. Questões de várias naturezas se apresentaram, a saber, como estudar a escola e suas relações institucionais, pedagógicas, interpessoais sem que se perca a especificidade da construção de conhecimento no campo da Psicologia? É possível apreender tais aspectos com quais teorias e procedimentos psicológicos? Como possibilitar que o conhecimento psicológico se colocasse a serviço de uma perspectiva emancipatória de mundo?

Portanto, ao escrever este capítulo de finalização de um livro que apresenta pesquisas em Psicologia que se debruçaram sobre algumas das políticas públicas do Estado de São Paulo, faço-o do

---

[2] Entre os primeiros trabalhos de pesquisa sobre as temáticas das políticas públicas do Estado de São Paulo estavam: CUNHA, 1988; SOUZA, 1991; CRUZ, 1994; e SERRONI, 1997.

lugar de pesquisadora, de quem se propõe, desde 1987, a estudar e a pesquisar a escola pública, os processos educativos, centrando o foco da pesquisa nas políticas educacionais, no dia-a-dia escolar, em primeiro lugar na condição de aluna e posteriormente de formadora de novos pesquisadores. É desse lugar, de alguém com formação em Psicologia Escolar, atuando como formadora de novos pesquisadores, desde a iniciação científica, passando pelo níveis de mestrado e de doutorado, que farei algumas reflexões. Além disso, permeia também minha história profissional e pessoal a experiência de dez anos como professora de Ensino Fundamental e Médio no sistema público estadual paulista (1975 a 1985).

Nesse processo de formação, as opções teórico-metodológicas para esta aproximação com a escola têm se dado na direção de analisar o miúdo desta instituição educacional, ou seja, a vida diária escolar, as formas, maneiras, estratégias, processos que constituem o dia-a-dia da escola e suas relações. É nesse espaço contraditório, conflituoso, esperançoso, utópico que as políticas educacionais se materializam, que de fato acontecem. Portanto, a opção que temos feito em nosso grupo de pesquisa, no Instituto de Psicologia da Universidade de São Paulo – formado por alunos de graduação em Psicologia, mestrandos e doutorandos –, é de pensar a escola a partir de seus processos diários de produção de relações, analisando como as políticas públicas são apropriadas nesses espaços e transformadas em atividade pedagógica, em prática docente, em práticas institucionais, portanto, em prática política.

Mas, ao analisarmos a vida diária escolar, partimos também da concepção de que a escola se materializa em condições histórico-culturais, ou seja, que ela é constituída e se constitui diariamente, a partir de uma complexa rede em que se imbricam condições sociais, interesses individuais e de grupos, atravessada pelos interesses do estado, dos gestores, do bairro etc. A peculiaridade de uma determinada escola se articula com aspectos que a constituem e que são do âmbito da denominada rede escolar ou sistema escolar no qual são implantadas determinadas políticas educacionais.

Além de compreendermos a escola como produtora e produto das relações histórico-sociais, consideramos que, para apreender minimamente a complexidade da vida diária escolar, precisamos construir procedimentos e instrumentos de aproximação com esse espaço tão familiar e ao mesmo tempo tão estranho para nós. Assim sendo, enquanto pesquisadores temos nos aproximado da escola por meio de um método de trabalho que prioriza a convivência com seus participantes, de forma que as vozes daqueles que são comumente silenciados no interior da escola possam se fazer presentes enquanto participantes, de fato, da pesquisa. Como diria Justa EZPELETA (1986) a "escola é um processo inacabado de construção", e para nós documentar o não documentado, visando desenvolver estratégias para conhecer os processos estudados na perspectiva dos valores e significados atribuídos por seus protagonistas (ROCKWELL, 1986), é fundamental. Procuramos, então, compreender a escola na sua cotidianidade, analisando as relações e os processos que nela se estabelecem, buscando explicitar juntamente com os participantes da pesquisa esses processos por meio do estabelecimento de vínculos de confiança e de esclarecimento.

Que conhecimento temos construído por meio da pesquisa em psicologia escolar e educacional, a respeito do processo de apropriação das políticas públicas na escola paulista? Ao fazermos esta pergunta, estamos diante da questão da generalização em uma perspectiva qualitativa de pesquisa, cuja discussão em um *continuum* caminha desde aqueles que acreditam que é impossível generalizar dados, pois são fruto de uma única escola ou grupo de professores, até aqueles que consideram que o estudo de caso revela as particularidades e peculiaridades da realidade social, cujo referencial de análise permita compreender processos existentes e que revelam o todo do sistema. A maneira de concebermos a pesquisa em educação é aquela que soma com esta última vertente, ao considerar que a particularidade revela as dimensões da totalidade do fenômeno a ser estudado.

Sem nos aprofundarmos nesta discussão, podemos dizer que tivemos a oportunidade, nos últimos oito anos, de orientar trabalhos que acompanharam algumas das políticas educacionais paulistas, a saber: as Classes de Aceleração (VIÉGAS, BONADIO e SOUZA, 1999; VIÉGAS e SOUZA, 2000), a política de Inclusão de Deficientes (MACHADO, 2002), o Projeto Político-Pedagógico (ASBAHR, 2005), o Professor Coordenador Pedagógico (ROMAN, 2001) e a Progressão Continuada (VIÉGAS, 2002), vários deles presentes neste livro. Somente estes títulos nos dão a noção da velocidade com que foram implantadas mudanças no campo educacional paulista, bem como a diversidade destas políticas[3].

A partir dos muitos meses de convivência na escola, de participação nos seus mais diferentes níveis de organização e de gestão, procuramos discutir a questão das políticas públicas educacionais atravessando a vida diária escolar, constituindo novas formas de relacionamento pedagógico, dando forma a concepções pedagógicas a respeito do processo de aprendizagem.

Ao analisarmos tais políticas, partimos do pressuposto teórico de que o discurso oficial expressa uma concepção de educação e de sociedade. Ou seja, nos bastidores de uma política pública gesta-se uma direção a ser dada àqueles que a ela se submetem. Embora muitas vezes tais concepções não sejam explicitadas aos professores, aos pais e aos alunos, o projeto de sociedade, de homem e de mundo presente nas políticas educacionais imprime uma série de valores e de diretrizes que passam a constituir as relações interpessoais e institucionais.

De maneira geral, as pesquisas que relatamos e que tratam de algumas das principais políticas públicas educacionais da década de 1990 têm em comum o discurso de enfrentamento da exclusão social, marcada pelos altos índices de repetência e de abandono da escola regular, além do pouco acesso a ela por aqueles que apresentam alguma modalidade de deficiência. Esse discurso é, em geral, acrescido

---

[4] Juntamente com os trabalhos de pesquisa sobre a política educacional paulista, pudemos orientar outros que se referiram à política nacional de formação de professores (ALVES, 2002) e à política estadual de Rondônia de formação de professores (SANTOS, 2000).

do discurso da justiça social, da escola para todos, inclusive para pessoas com necessidades educativas especiais. Um discurso que visa melhor gerenciar os recursos educacionais, considerados como insuficientes, precisando ser melhor distribuídos para que se faça justiça social, diminuindo a desigualdade entre classes sociais. Ao mesmo tempo, observamos que este discurso é ancorado por um projeto psicopedagógico cujas bases estão na autonomia do aprendiz, na importância do processo de socialização em detrimento de currículos conteudistas, em respeito ao ritmo de aprendizagem da criança, em projetos inovadores de aprendizagem, dentre outros. Ou seja, um discurso que traz princípios de democratização, de ampliação de vagas, de flexibilização da seriação e do processo de aprendizagem. Embora tais princípios sejam em tese democráticos, é voz corrente entre os planejadores das políticas que há um hiato entre a intenção e a realidade e que as dificuldades de implementação da reforma pedagógica são muitas. Dentre elas, destaca-se a morosidade dessa implantação em função, principalmente, da pouca adesão dos educadores.

Como entender esta contradição? O que de fato revela o discurso oficial sobre as políticas vigentes? Por que os professores resistiriam à sua implementação? Se as bandeiras políticas dos professores centraram-se na ampliação de vagas, na democratização da escola, por que não participar ativamente das reformas em curso?

Consideradas tais questões, propusemo-nos, então, a conhecer os bastidores dessas políticas analisadas por aqueles que as vivem, que as materializam em suas práticas educativas, os educadores. Como pensam tais políticas, como as vivem, como compreendem o que se passa na escola, quais são suas críticas, seus dilemas e as estratégias que constroem no dia-a-dia de sua implementação. O que sabem sobre tais políticas, como se deu o processo de participação em sua constituição, como compreendem as dificuldades vividas historicamente pela escola diante dos altos índices de repetência e de exclusão? Que avanços consideram que existam na educação, a partir da implementação das reformas educacionais? Além disso, várias dessas pesquisas ativeram-se à análise do conteúdo do discurso oficial, o que diz nas linhas e nas entrelinhas, quais os compromissos políticos e pedagógicos daqueles que os defendem? Como articulam a realidade da escola com as propostas de mudança elaboradas? Como interpretam a crítica já acumulada sobre a realidade escolar? Portanto, os personagens centrais deste livro são os educadores e os textos das políticas públicas oficiais.

Ao analisarmos os discursos produzidos pelos professores e gestores há alguns pontos de consenso que consideramos importantes de serem considerados no campo da implementação de políticas públicas em educação: a) a manutenção de formas hierarquizadas e pouco democráticas de implementação das políticas educacionais; b) a desconsideração da história profissional e política daqueles que fazem o dia-a-dia da escola; c) a implantação de políticas educacionais sem a necessária articulação com a devida infra-estrutura para sua real efetivação; d) a manutenção de concepções a respeito dos alunos e de suas famílias, oriundos das classes populares, que desqualificam parcela importante da população para a qual estas políticas são dirigidas; e) o desconhecimento das reais finalidades das políticas educacionais implementadas pelos próprios educadores; f) o aprofundamento da alienação do trabalho pedagógico e a busca quase desumana de significado e de sentido pessoal.

Analisaremos, então, brevemente, alguns dos itens apresentados anteriormente. Com relação ao processo de implementação de tais políticas, podemos considerar que todas elas apresentam como peça-chave do processo o professor. Todas as políticas implementadas no plano da reforma educacional investem no professor como aquele que terá a tarefa primordial de implantá-la. Mas, ao mesmo tempo em que o professor é trazido como elemento fundamental no sucesso de uma política pública, as pesquisas demonstram que esse profissional pouco tem participado da discussão ou de instâncias de discussão do planejamento e da implantação de quaisquer das políticas estudadas. Todas foram, de alguma forma, gestadas em instâncias que desconsideram a participação ampla dos educadores, centrando-se em segmentos da hierarquia estatal, centrada principalmente nas instâncias dos dirigentes de ensino e do *staff* da Secretaria do Estado de Educação e em poucas ocasiões com segmentos de classe, principalmente de supervisores e diretores de ensino. Todas as propostas implementadas nesse período estudado são decretadas, surgem como normas a serem seguidas, estabelecendo-se entre os órgãos gestores e os professores a manutenção de uma prática política e pedagógica de subalternidade dos segundos em relação aos primeiros. A implementação de novas formas de organizar a escola, de implementar teorias pedagógicas a ela atreladas, não se deu em um processo de discussão democrática e coletiva. Os professores demonstram que não houve explicitação dos reais interesses que moveram e movem a organização de algumas dessas políticas, como, por exemplo, a Reorganização das Escolas que visou separar as crianças de 1ª a 4ª séries dos demais níveis de Ensino, antecipando o processo de municipalização do Ensino Básico. A manutenção de uma prática hierarquizada de implementação de propostas pedagógicas tem gerado inúmeras formas de resistência, de questionamento, de descontentamento e de descompromisso do professor com seu trabalho. É freqüente os professores dizerem que se sentem desvalorizados em seu saber, desqualificados em sua prática, sobrecarregados com tantas tarefas além daquelas previstas para a atuação docente. Ao mesmo tempo, nas pesquisas, muitos desses professores apresentam saídas, propostas e análises da realidade escolar que muito contribuiriam para enfrentar determinados dilemas vividos hoje no âmbito educacional.

É bastante desafiador pensar esta realidade de descontentamento docente considerando-se que esta foi uma das categorias que mais discutiu e trabalhou na direção da construção de uma escola democrática, para todos. Embora os movimentos de luta pela educação em São Paulo ecoassem nacionalmente, o produto da organização social pouco se manifesta na mudança efetiva da escola, da melhoria da qualidade de ensino, na transformação das práticas educacionais em uma direção mais democrática. Observa-se um discurso oficial que considera o professor como uma massa homogênea, atuando em uma rede imensa, difícil de ser acessada de forma a considerar as suas particularidades e peculiaridades. Observa-se, portanto, nas políticas públicas uma ausência de mecanismos que pudessem contar com a participação da experiência e da história profissional e política daqueles que fazem o dia-a-dia da escola, que lutam para sua construção, que optaram pela educação enquanto projeto político emancipatório e considerando as particularidades de bairros, municípios e contextos sociais.

Um outro aspecto que se fez presente em todas as pesquisas aqui relatadas centra-se na questão da precarização da estrutura física e pedagógica das escolas públicas estaduais paulistas. Ou seja, as políticas públicas, como a Progressão Continuada, exigiriam uma série de investimentos de ações complementares tais como reforço paralelo, projetos para melhoria do aprendizado de determinados grupos, avaliações periódicas do aprendizado, ações que não se fazem presentes na escola. No caso do professor coordenador pedagógico esta precarização é mais visível, à medida que este assume diferentes funções na escola na ausência de funcionários, professores, enfim de um quadro administrativo mínimo que permitiria uma melhoria do funcionamento escolar.

Um dos importantes elementos que a pesquisa na área de Psicologia Escolar aponta ao final dos anos 1980 é o fato de que há na escola, assim como na sociedade como um todo, uma concepção extremamente negativa em relação às famílias pobres e aos filhos da classe trabalhadora. Se esta constatação foi objeto de muitas pesquisas analisando o preconceito na escola (COLLARES e MOYSÉS, 1998; PATTO, 1990), observa-se no discurso das políticas públicas estaduais paulistas que concepções depreciativas e de desqualificação das classes populares aparecem freqüentemente em vários dos documentos oficiais. A concepção defendida por tais políticas e presente nos documentos oficiais é a de que cabe à escola assumir um lugar ou um papel social que a família não mais assume, pois esta não mais daria conta de sua tarefa de educar seus filhos; ou ainda de que as crianças se apresentam com tamanhas carências culturais e sociais que a escola só poderá minimizá-las ou contorná-las por meio de suas políticas. Ou seja, o ponto de partida não é o de constatação da desigualdade social, mas sim de vitimização daqueles que já se encontram vitimizados na sociedade. Dessa forma, a escola passa a assumir o papel da família. Algumas das políticas propõem, inclusive, que a escola passe a ser um espaço familiar para a criança, um espaço tão somente de socialização. E a partir daí, o conhecimento torna-se secundário. Quem estará assumindo o papel da escola? A quem caberá difundir os conhecimentos que a escola difunde institucionalmente? Esta é uma das realidades mais cruéis das políticas públicas vigentes: a escola abre, deliberadamente, mão do papel de socializar os conteúdos, o saber socialmente acumulado em detrimento de transformar-se apenas em um espaço de socialização, na melhor das hipóteses e, em sua maior parte, de disciplinamento e de manutenção do *status quo*. De fato, garantem-se apenas o acesso e a permanência, sem, contudo, garantir-se o acesso ao conhecimento e a uma permanência que de fato restitua ao aluno os conhecimentos que ele necessita para uma formação integral, conforme previsto na LDBN de 1996.

A hegemonia do discurso econômico para justificar mudanças políticas faz, muitas vezes, com que os educadores questionem frontalmente determinadas decisões políticas. Grande parte da chamada "resistência" de professores quanto às políticas está por verificarem no seu dia-a-dia o quanto se está deixando de investir na escola, na formação de alunos e professores de fato, na infra-estrutura dos prédios e na contratação de funcionários que dariam o apoio logístico ao trabalho pedagógico. Se em outros momentos da história da educação o discurso oficial tem se aproximado da lógica do sistema de produção de bens, com o tecnicismo, atualmente vemos a aproximação à lógica empresarial, de prestação de serviços, por meio do conceito de "qualidade total", presente desde os anos 1980, e de racionalização de custos. Os documentos oficiais mostram inúmeros gráficos, mencionando alunos e professores enquanto "elementos de despesa". Os gastos com educação não são computados na ordem do investimento em futuros cidadãos, em futuros trabalhadores, indivíduos conhecedores de direitos e de deveres sociais. A lógica neoliberal impera no campo educacional, tratando a educação como um serviço prestado da mesma natureza que a venda de produtos e bens de consumo. Essa presença vê-se muito fortemente marcada na "terceirização", em que o Estado se desobriga ou se desresponsabiliza de determinados serviços educacionais, delegando-os ao chamado "terceiro setor".

Observamos, portanto, o aprofundamento da alienação do trabalho docente, a desvalorização da crítica, a imposição de uma pedagogia de "consenso", de maneira a individualizar o fracasso, como algo de responsabilidade apenas do docente ou do aluno ou ainda de sua família. Nesta perspectiva educacional, o coletivo é apresentado pelas diretrizes políticas que devem ser seguidas e implementadas no interior de uma escola com pouquíssimas modificações nas suas precárias condições, cujo início data da década de 1980 com a expansão de vagas sem expansão do orçamento para tanto.

Finalizando, consideramos que os professores demonstram com várias de suas análises e críticas, ou com o adoecimento e o sofrimento, muitas das contradições presentes nas políticas públicas, sem que consigam de fato canalizar estas críticas para ações coletivas de enfrentamento das dificuldades. Observamos em suas discussões que não mais encontram no movimento sindical e na organização social os canais de organização e de reivindicação. Como reconstruir estes canais de organização é um dos grandes desafios desse momento histórico e político, sob pena do aprofundamento das dificuldades vividas, hoje em dia, intensamente.

Referências bibliográficas

ALVES, L. A. *Referenciais para a formação de professores: uma análise crítica do discurso oficial sobre qualidade e competência do ponto de vista da Psicologia Escolar.* São Paulo, 2002. Dissertação (Mestrado). Instituto de Psicologia, Universidade de São Paulo.

ASBAHR, F. S. F. *Sentido pessoal e projeto político-pedagógico: análise da atividade pedagógica a partir da psicologia histórico-cultural.* São Paulo, 2005. Dissertação (Mestrado). Instituto de Psicologia, Universidade de São Paulo.

BRASIL. Constituição da República Federativa do Brasil. Lei de 5 de outubro de 1988. Disponível em http://www.planalto.gov.br/ccivil_03/Constituicao/Constitui%C3%A7ao.htm [acesso em 8 out. de 2005].

_____. *Estatuto da Criança e do Adolescente.* Lei nº. 8.069, de 13 de julho de 1990. Disponível em http://www.planalto.gov.br/ccivil_03/Leis/L8069.htm [acesso em 8 out. de 2005].

_____. *Declaração de Nova Delhi sobre Educação para Todos.* Disponível em htpp://www.unesco.org.br/publicacoes/copy_of_pdf/decnovadelhi/mostra_padrao [acesso em 8 out. de 2005].

_____. *Declaração de Salamanca. Sobre Princípios, Políticas e Práticas na Área das Necessidades Educativas Especiais.* Disponível em http://www.mec.gov.br/seesp/arquivos/pdf/salamanca.pdf [acesso em 8 out. de 2005].

_____. *Lei de Diretrizes e Bases da Educação Nacional.* Lei nº 9394 de 20 de dezembro de 1996. Disponível em http://www.mec.gov.br/seesp/index2.php?option=content&do_pdf=1&id=63&banco= [acesso em 8 out. de 2005].

COLLARES, C. A. L. & MOYSÉS, M. A. A. *Preconceitos no cotidiano escolar: ensino e medicalização.* São Paulo: Editora Cortez, 1998.

CRUZ, S. H. V. *O Ciclo Básico Construído pela Escola.* São Paulo, 1994. Tese (Doutorado). Instituto de Psicologia, Universidade de São Paulo.

CUNHA, B. B. B. *Classes de educação especial: para deficientes mentais?* São Paulo, 1988. Dissertação (Mestrado). Instituto de Psicologia, Universidade de São Paulo.

EZPELETA, J. A escola: processo inacabado de construção. *In*: EZPELETA, J.; ROCKWELL, E. *Pesquisa Participante*. São Paulo: Editora Cortez, 1986.

MACHADO, Valdirene. *Repercussões da proposta "educação inclusiva" a partir do discurso de professores de Educação Especial da rede pública estadual paulista*. São Paulo, 2002. Dissertação (Mestrado). Instituto de Psicologia, Universidade de São Paulo.

PATTO, M. H. S. *Psicologia e ideologia: reflexões sobre a psicologia escolar.* São Paulo, 1981. Tese (Doutorado). Instituto de Psicologia, Universidade de São Paulo.

_____. *Psicologia e Ideologia: uma introdução crítica à Psicologia*. São Paulo: T.A. Queiroz Editor, 1984.

_____. *A produção do fracasso escolar: histórias de submissão e rebeldia*. São Paulo: T.A. Queiroz Editor, 1990.

ROCKWELL, E. *Reflexiones sobre el proceso etnográfico*, IPN/ CINVESTAV, 1986, mimeo.

ROMAN, M. D. *O professor coordenador pedagógico e o cotidiano escolar*: um estudo etnográfico. São Paulo, 2001. Dissertação (Mestrado). Instituto de Psicologia, Universidade de São Paulo.

SANTOS, E. A. *Formação docente em serviço no Estado de Rondônia: políticas públicas e estratégias de ação*. São Paulo, 2000. Dissertação (Mestrado). Instituto de Psicologia, Universidade de São Paulo.

SERRONI, P. G. *Formação docente e fracasso escolar*. São Paulo, 1997. Dissertação (Mestrado). Instituto de Psicologia, Universidade de São Paulo.

SOUZA, D. T. R. *Conquistando o espaço escolar: a estruturação do trabalho pedagógico em numa classe de Ciclo Básico*. São Paulo, 1991. Dissertação (Mestrado). Instituto de Psicologia, Universidade de São Paulo.

SOUZA, M. P. R. *Construindo a escola pública democrática: a luta diária de professores numa escola de primeiro e segundo graus.* São Paulo, 1991. Dissertação (Mestrado). Instituto de Psicologia, Universidade de São Paulo.

VIÉGAS, L S.; BONADIO, A. N.; SOUZA, M. P. R. O resgate do desejo de aprender: uma experiência pedagógica, bem-sucedida em uma Classe de Aceleração. *CD-ROM* da 22ª Reunião Anual da ANPED, Caxambu, 1999, GE 20.

VIÉGAS, L. S.; SOUZA, M. P. R. Os percursos escolares de cinco alunos em uma Classe de Aceleração I: trajetórias de percalços. *CD-ROM* da 23ª Reunião Anual da ANPED, Caxambu, 2000, GE 20.

VIÉGAS, L. S. *Progressão Continuada e suas repercussões na escola pública paulista: concepções de educadores.* São Paulo, 2002. Dissertação (Mestrado). Instituto de Psicologia, Universidade de São Paulo.

Impresso por :

gráfica e editora

Tel.:11 2769-9056